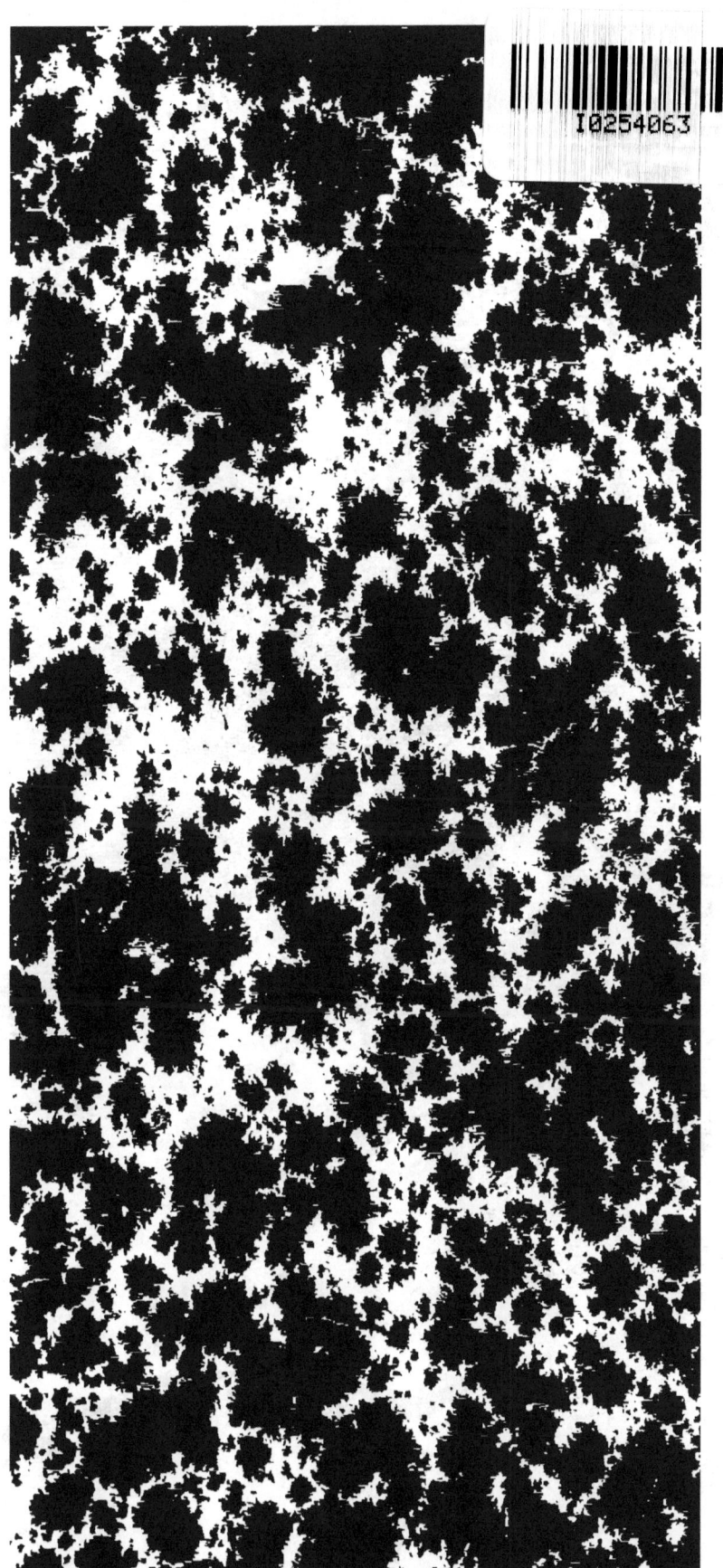

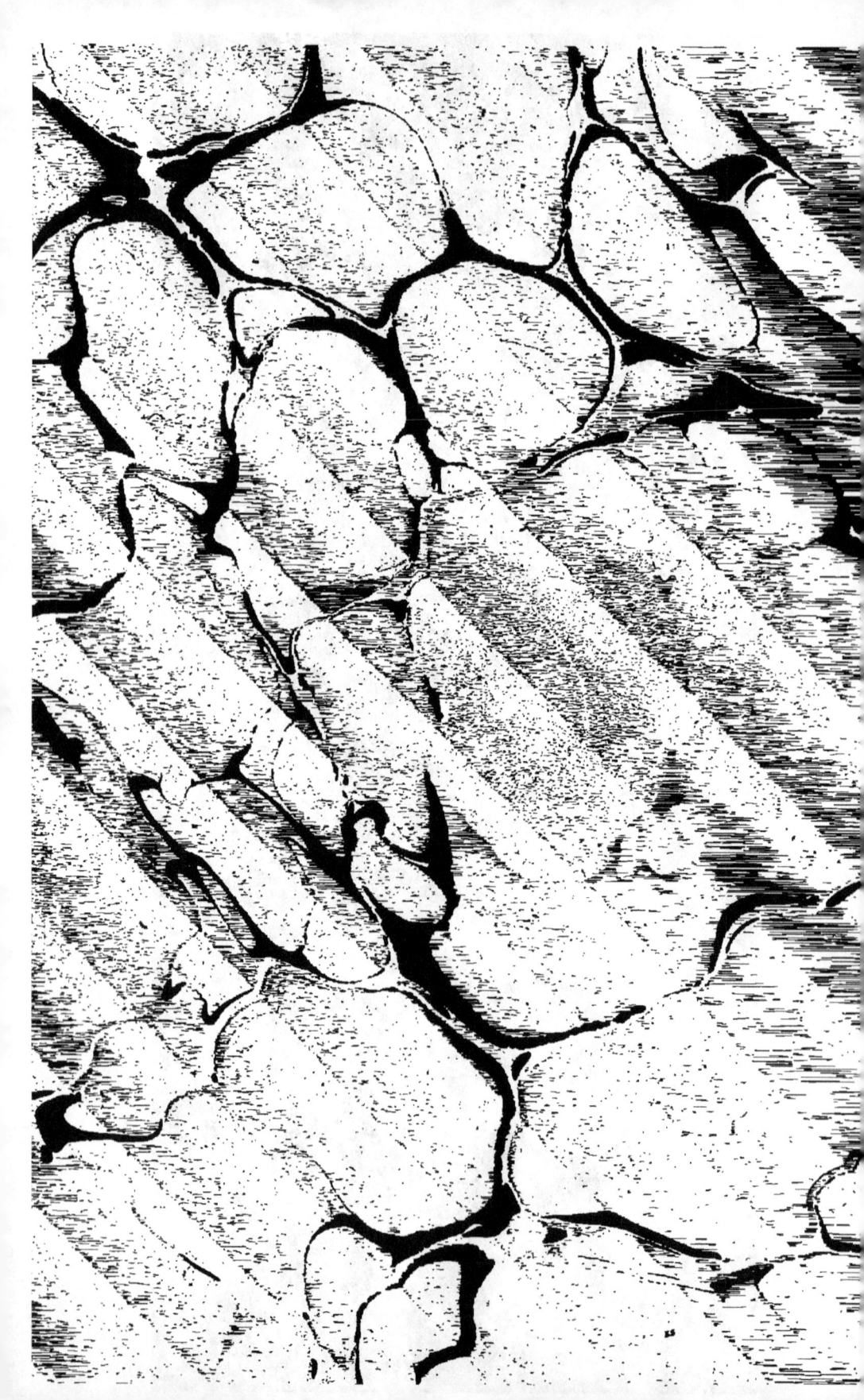

# LA TRAGÉDIE DU MONDE

PAR

Louis DE LÉON.

PARIS,
CHARPENTIER, LIBRAIRE-ÉDITEUR,
Palais-Royal, galerie d'Orléans, 7.
—
1843.

# LA
# TRAGÉDIE DU MONDE.

IMPRIMERIE A. FRANÇOIS ET COMPAGNIE,
32, rue du Petit-Carreau.

# LA TRAGÉDIE DU MONDE

PAR

Louis DE LÉON.

PARIS.

CHARPENTIER, LIBRAIRE-ÉDITEUR,
Palais-Royal, galerie d'Orléans, 7.

**1843.**

1842

# AVIS.

◊

Lectrices et lecteurs que j'aime et je chéris,
Sans avoir toutefois l'honneur de vous connaître,
Avant de commencer, écoutez un avis
Qui, si vous me lisez, vous servira peut-être.

Allumez votre lampe et vos tisons, amis,
Avec désinvolture, au vieux fauteuil d'ancêtre
Allez vous appuyer, et fermez la fenêtre,
Pour que mon vers vous trouve échauffés, bien assis,

Laissez là tabatière et pipe pour la lyre,
Toussez, crachez, mouchez, comme pour un sermon
En trois points, plus l'exorde et la péroraison.

Avez-vous bien toussé ? — Je viens donc pour vous dire,
Comme tous les auteurs d'un volume nouveau,
Que ce livre de vers est, par ma foi, très beau.

# OUVERTURE.

## II

> Quis legel? vel unus, vel nemo.

# OUVERTURE.

Vous demandez mes vers, et vous voulez, Madame,
Que je vous livre à voir ces lambeaux de mon âme;
Pardon ! — Mais ils n'ont pas encor, pauvres oiseaux,
Déserté leur berceau, tout récemment éclos !
Oh ! l'air leur fera mal, ils ont si peu de vie !
Et pour monter jusqu'où votre voix les convie,
Jusqu'à cet horizon où plane votre esprit,
Leur aile est frêle encor, leur plumage petit.

Je voulus jusqu'au ciel emporter ma volée,
Mais mon aile trop faible en route fut brûlée.
Le soleil s'est éteint ! dans mon âme la nuit !
Le pilier qui tenait l'édifice est détruit !
C'est dans un temps bien court, que toute une tempête
A passé dans mon ciel, en grondant sur ma tête !
L'éclair qui luit d'abord, c'est la joie et l'amour,
Le coup de foudre c'est l'ambition d'un jour,
La désillusion c'est la plante brisée,
Qui tend ses bras sans feuille et qu'on laisse écrasée.

Couronne de bleuets que la virginité,
Arôme que le vent a trop vite emporté !
Oh! qui n'a pas senti dans son âme abattue,
L'amour, l'ambition, puis le dégoût qui tue :
Exacte trilogie, expression du cœur,
Et séjour où s'arrête ici tout voyageur :

Avant que notre corps et nos esprits se forment,
Longtemps les sens de l'homme encor trop frêles dorment.
C'est là le tendre enfant au sourire si pur,
Au parfum de candeur, au doux regard d'azur,

Qui se rappelle encor sa demeure dernière,
Le beau ciel dont il vient de quitter la lumière.
Il est heureux alors ! — Quand soudain, une nuit,
Dans les rêves si doux où l'esprit le conduit,
Il croit devant ses yeux voir une jeune fille,
Sentir sa main brûlante et son regard qui brille.
Éperdu, haletant il frissonne et pâlit,
Et s'éveille, les bras tendus hors de son lit.
Plaignez-le de ce jour ! — Qu'il dise adieu l'enfance,
Adieu tous ses plaisirs ; adieu son innocence !
Oh ! maintenant un rien et l'agite et l'émeut.
Rêveur il ne sait pas ce qu'il sent, ce qu'il veut,
Regarde autour de lui, sourit à la nature,
A l'oiseau qui s'envole, à l'arbre qui murmure.
Plus de séjours étroits, plus de pesant sommeil !
Il veut du mouvement, il lui faut du soleil !
Alors croyant saisir ses rayons de lumière,
Il s'éprendra d'amour et de gloire et de guerre.


Mais quand impatient il veut réaliser
Ces rêves qui l'ont fait si longtemps s'abuser,

Tout cela fond soudain sous sa brûlante haleine ;
Tout échappe à ses bras, ainsi qu'une ombre vaine.
Quelques faibles rameaux parfois le retiendront,
Parfois quelques éclairs dans sa nuit brilleront,
Mais sans plus le charmer d'espérance illusoire,
Mais le ciel sera bleu, son âme sera noire.
Pour lui dégoût et fiel, car tous l'ont repoussé,
Car tous ont ri du chêne au feuillage froissé.
Ainsi vivrai-je, hélas ! si sur mon front, Madame,
Vous n'abaissez cet œil qui réfléchit votre âme ;
Cette auréole d'or et son éclat si doux,
Comme un rayon d'été, qui fait tout luire en vous.

Je ne vous prédis point ici monts et merveilles,
Ce livre n'a coûté ni grands travaux, ni veilles.
Ayant travaillé peu pour charmer le public,
Je n'ai point espéré faire un riche trafic.
Aussi je trouverais ces vers chez l'épicière,
Qu'on ne me verrait point m'emporter en colère.
On peut verser sur eux le fiel et le mépris,
Sans que jamais je pose en poëte incompris,

Et sans que je m'écrie, ainsi que vos poètes :
« Ah ! malédiction et malheur sur vos têtes,
Peuple dont le regard toujours sévère et dur
Ne sait point accueillir le grand génie obscur. »

Car moi je ne crois pas à tous ces grands génies
Qui blasphément si fort pour quelques harmonies,
Dont un bourgeois honnête, un jour qu'il faisait froid,
A jeté dans le feu le plus brillant endroit.
Ces esprits inconnus, qu'un autre homme les plaigne !
C'est leur faute ; — aujourd'hui le génie a son règne.
Toujours le talent perce et se fait un grand nom ;
Pardieu, nous en voyons assez à l'horizon.

Ceux qui restent en bas sans honneur et sans gloire,
Ne méritaient pas plus, et je préfère croire
Qu'ils se sont aveuglés sur leur esprit étroit,
Que de penser la France injuste à leur endroit.

Or, je publie enfin ces vers que je recueille
Par ennui de les voir combler mon portefeuille,

Et par l'enfantillage ordinaire et bien vain,
De se voir imprimé sur du papier vélin.
Personne ne pourra briser mon espérance,
J'ai compté sur l'oubli, sur toute indifférence,
Et je sais qu'un poème en notre monde amer,
C'est une goutte d'eau qu'on jette dans la mer.

Donc, comme je le crois, si ce volume échoue,
Je ne maudirai point le public qui me joue,
Je m'en retournerai paisible à mon foyer,
Délaissant pour jamais un trop ingrat métier.
Après avoir parlé, j'apprendrais à me taire
Ou plutôt de dépit de cette chute amère,
Tête baissée alors je me jette en fureur
Au métier de notaire ou bien de procureur.
Je me livre avec rage au torrent de la prose,
Pour les vers et les fleurs ayant une âme close,
J'irai m'étiolant dans quelqu'infect bureau,
Y griffonner un chiffre au bas d'un bordereau.

*A mon ami Charles Lubille.*

# III

> Je dis ce que je crois être la vérité,
> Et je foule à mes pieds la popularité.
> ANTONY DESCHAMPS. (Résignation).

# AVANT-GARDE.

Nous voyons devant nous s'ouvrir un grand spectacle,
Et chacun interdit ignore quel oracle
    Nous en révélera le sens.
Rois, nobles, bourgeois, peuple, et défaite et victoire
Ont passé devant nous, comme on montre à la foire
    Des ombres vaines aux passans.

Quand tout se calme en bas, en haut monte l'émeute,
Et l'on entend hurler l'aboiement de la meute
  Qui représente notre vœu.
C'est dans la chambre alors qu'on livre les batailles,
Les députés gaîment chantent les funérailles
  Du pays qu'ils mettent en feu.


Et pendant ce temps-là, dans son cœur qui palpite,
Le peuple frémissant et s'émeut et s'agite,
  Et maudit tout bas son repos.
On ne rêve jamais que ce qu'on croit possible,
Aussi jadis le peuple alors calme et paisible
  N'enviait point les grands si hauts.


Mais maintenant qu'il voit dans la France ainsi faite,
Les hommes les plus bas s'élever jusqu'au faîte,
  Et s'y draper dans leurs manteaux.
Il souffre de l'état où le hasard le place,
Et se lève... dût-il pour se faire une place
  Briser les piliers sociaux!

Tout tourne autour de nous, nous sommes en vertige,
La crainte a remplacé maintenant le prestige,
  Et la corruption l'honneur.
Nous avons le bourreau dans la place du prêtre,
Quand il n'est pas un droit qu'on veuille reconnaître,
  Le droit de force est empereur...


Ah! mes maîtres, vous tous dont le fatal génie
A si longtemps versé sur nous l'acrimonie
  De votre débile cerveau ;
Vous avez fait partout le vide et table rase ;
Votre plume en tombant a soulevé la vase
  Qui se cachait au fond de l'eau.


Vous nous avez étreint sous les coups de la presse,
Jusqu'à ce que nos cœurs vissent dans leur détresse
  Fuir leur croyance et leurs vertus ;
Vous nous fîtes toucher le Christ, les monarchies,
Pour nous montrer des rois aux couronnes blanchies,
  Et des crucifix abattus.

Riez, car nous voici vos bien dignes élèves,
Sophistes, nous avons réalisé vos rêves,
  Écrit révolte dans tous lieux,
Et chaque jour le peuple au carrefour insulte
De la pierre le trône, et du crachat le culte ;
  Ah ! mes maîtres, soyez joyeux !


C'est bien. — Nous pataugeons dans la fange et les crimes :
On expose aujourd'hui ses enfans légitimes,
  Comme si c'étaient des bâtards.
La corruption règne au milieu des familles,
Et les mères, le soir, courent vendre leurs filles
  Sur le marché des boulevards.


Puis après tout cela vienne enfin le poète,
Celui-là doit du moins nous relever la tête,
  Avec sa lyre enfant des cieux,
Et s'enfuyant bien loin de la profane terre
Nous ravir avec lui dans la divine sphère,
  Pour nous y reposer les yeux.

Non, il n'en sera rien. — Le poète aux mœurs basses
Choisira ses héros dans les infimes races,
  Les filles et les ouvriers.
C'est dans le bagne, lui qu'il va dresser sa tente,
Il vante les brigands, les assassins, et tente
  Les pauvres d'être meurtriers.


Les uns avec leur corps efféminé qui ploie,
roucoulent : je me meurs, ainsi que Millevoie,
  Avec la dépouille des bois.
D'autres ayant perdu la toison de leur âme,
Désillusionnés veulent couper leur trame
  Et savent se manquer parfois.


On mystique souvent leur stupide élégie,
Dans un style aussi vieux que la mythologie,
  Ne chante que les séraphins,
Ne parle que du Christ et des sacrés calices,
Et pourtant on les voit, le soir, dans les coulisses,
  Près des femmes des baladins.

L'union entre l'homme et le ciel s'est brisée ;
Que dans les airs passât l'ardent char d'Élysée,
  A peine l'on applaudirait.
S'envolant vers les cieux que le prophète Élie
Rejetât son manteau sur la terre avilie,
  Aucun ne le releverait !


Donc j'ai voulu sonder à fond toutes ces causes,
Et cherchant le cerveau dont elles sont écloses,
  J'ai rencontré Martin Luther.
Et je l'ai salué comme le patriarche
Des révolutions ouvrant la sombre marche,
  S'attelant au char de l'enfer.


Puis quand interrogeant l'amour et la science,
La liberté, la guerre et la grande puissance
  Qui régit les destins humains,
Tous m'eurent répondu les uns après les autres :
Votre fibre est trop molle, ô monde, et nos apôtres
  Ne pourraient tenir dans vos mains;

Oh ! j'entendis alors crier : mort, mort au monde !
L'ange le glaive en main faire l'horrible ronde,

    Et s'entr'ouvrir tous les tombeaux.
Et je crus assister à cette horrible fête
Que saint Jean entrevit avec l'œil du prophète,

    Du rocher désert de Patmos.


Je vis rouler le monde ivre comme un satyre,
Et j'aiguisai mes vers en pointes de satire,

    Et je les armai de durs crocs,
Et je les fis siffler au-dessus de ma tête ;
Ainsi que ces dragons dont jadis le poète

    Armait aux enfers les bourreaux.


Et je les ai chargés de poudre envenimée,
Pour ne les voir jamais s'exhaler en fumée,

    Mais frapper comme un biscaïen ;
Et salpêtrés et chauds, ainsi je vous les flanque
Au haut de votre front d'odieux saltimbanque

    Ou la honte colle si bien.

Car j'ai pris pour mon blanc votre visage infâme,
Et je veux y graver : infamie, au lieu d'âme,
  Vous tous exploiteurs de l'Etat.
Mon vers vous étreindra, comme une dure chaîne,
S'attachant à vos pieds, comme un boulet que traîne
  Au bagne l'odieux forçat.


Siècle, je montrerai toutes les turpitudes,
J'ai sondé jusqu'au fond ton cœur dans mes études,
  Et la rougeur m'en monte au front.
Qu'on dise que ce livre est affreux, je m'en moque,
L'auteur est innocent, le crime est à l'époque,
  Et quelques-uns m'applaudiront.


Donc vous eussiez voulu que cette poésie
Elle aussi se masquât dans son hypocrisie,
  Cachant la lame du poignard,
Ou qu'on vous dît au moins doucement, sans colère :
On vend l'amour, l'État, le trône est à l'enchère,
  Le théâtre est un lupanar.

Moi je n'ai que vingt ans, je viens de la province,
Et je ne connais point ces manières de prince
    D'entortiller la vérité.
Mon vers parfois hardi, dans sa marche indignée,
A la langue de fer, la barbe peu soignée,
    Et la robe de puberté.


Nous nous sommes roulés dans de terribles crises,
Et nous ne voulons plus toutes ces mignardises
    De Ronsard ou bien de Belleau.
Le siècle se mourant sérieux et morose
Veut pour peintre Rembrandt ou bien Salvator-Rose,
    Et laisse le joli Vanloo.


Au siècle de Louis, aux temps heureux d'Auguste,
Alors qu'on voit encor quelques pensers du juste,
    Le doux Horace et Despréaux,
Avec leurs vers coquets et leur satire fine
Sur un mauvais souper, sur une triste mine,
    Sur un fâcheux aux froids bons mots.

Mais lorsque le pays sur des abîmes glisse,
Il faut l'en arracher par la hideur du vice,
    Dérouler ses affreux tableaux,
Et l'on alcoolise alors plus fort sa muse ;
La poésie expose et le crime et la ruse
    Sur ses chevalets infernaux.


Et l'on a Juvénal à la robuste allure
Mettant à nu ces mœurs révoltant la nature,
    Qui rongeaient le monde romain,
Ou bien Ezéchiel ce prophète sublime
Qui parcourt en pleurant les routes de Solyme
    Avec l'ordure sur son pain.


Si jamais un seul vers dans ce livre se glisse
Qui pût paraître impie, ou respirer le vice,
    C'est toujours sans ma volonté ;
C'est comme Diomède, au siège de Pergame,
Qui, croyant terrasser l'ennemi sous sa lame
    Blessait une divinité !

Donc ne condamnez pas ma pensée et mon style,
Le vice dans mes vers ne trouva point d'asile,
  Mon seul dieu fut la vérité.
Mais que si vous voulez qu'abandonnant le ceste,
Courtisan corrompu j'applaudisse du geste
  A votre vice déhonté ;


Que mutilant mon vers énergique et sauvage,
Je le fasse chanter comme on chante au bocage,
  Que j'épande l'eau sur mon feu ;
Si vous voulez un ton plus pur et plus folâtre,
Que je devienne flasque, enfin que je me châtre,
  Lecteurs, fermez ce livre ; — adieu.

# IV

> Hélas! que j'en ai vu mourir de jeunes fille
> V. Hugo (Orientales).

## LA FLEUR QUI PENCHE.

Oh! comme elle était pâle hier au soir encore!
Ses traits étaient flétris, comme l'arbre effeuillé,
Et sa tête penchait, hélas! à son aurore,
Comme le fruit trop mûr que l'automne colore
    Penche vers le sol dépouillé.

Comme un ange du ciel égaré de sa voie,
Toujours son cœur rêvant paraissait soupirer;
Et puis tant de tristesse en ses yeux noirs ondoie,
Que l'âme en la voyant sent échapper sa joie,
    Et soudain se prend à pleurer.

Pourtant elle n'a point aux buissons de la vie
Laissé, comme un lambeau, l'amour et l'idéal,
L'orage n'effeuilla jamais dans sa furie
Cette sainte couronne encor pure et fleurie
    Qui pare son front virginal.

Elle a si peu marché dans cette route aride,
Que rien n'a pu ternir tous ses rêves si beaux !
Oh ! son âme ! elle est pure, elle est blanche et candide,
Comme l'aile d'un cygne, au bord d'un lac splendide,
    Qui se mire au cristal des eaux.

Mais moi je sais pourquoi la tristesse la noie :
C'est que le glas des morts toujours la fait trembler,
C'est que son corps chétif sous la fatigue ploie,
Et que son œil au ciel s'élève et se déploie,
    Comme l'oiseau qui va voler.

Enfant, repose-toi sous l'aile de ta mère,
Loin du monde agité, sans trouble et sans émoi.
Il faut au voyageur l'ombrage solitaire,
Au navire le port, la nuit à la paupière,
      Jeune fille, repose-toi.

Mais il lui faut le bal ! sa jeune âme ravie
Pleine d'illusions sourit à l'avenir ;
— Elle hait le repos, — elle appelle la vie !
La vie !.. et ses plaisirs, l'amour que l'on envie,
      Oh ! cela la fera mourir !

Brisons ma lyre alors, car c'est ma poésie
Que cette enfant — je l'aime ainsi qu'un chant du soir,
Comme un saule pleureur, comme une fleur qui plie,
Comme l'astre soleil de la mélancolie,
      Qui sur les tombeaux va s'asseoir.

Quand je n'entendrai plus son suave langage,
Quand s'éteindra son œil qui fait rêver du ciel,
Je n'aurai plus au cœur que doute et que veuvage,
Comme le voyageur qui se fie au mirage,
      Et que joue un démon cruel.

Vous qui la chérissez la pauvre enfant si frêle,
O vous dont le cœur pur dans ce fangeux sentier,
N'a point été sali, priez donc bien pour elle !
Le doute m'a blessé de sa flèche mortelle,
   Mon âme ne sait plus prier !

Mais vous, cœurs innocents, enfants de la prière,
O ! dites au très-haut : pitié ! — mon Dieu ! — pitié
Pour l'enfant qui croyait au bonheur de la terre,
Et qui désirait vivre, et que ton cimeterre
   A si vite sacrifié !

Pour le cœur veuf d'espoir que son œil pur éclaire,
Comme un flambeau du ciel descendu dans sa nuit,
Pour ceux qu'elle connut, une amie, une mère ;
Car quiconque, mon Dieu, passe près de sa sphère
   Sent qu'une douce étoile luit.

Enfans, quand vous aurez fini votre prière,
Dieu jetera peut-être un œil d'amour sur nous,
Peut-être dira-t-il : laisssons-leur la lumière.
O, mon Dieu ! fais ainsi. — Je t'adore et j'espère,
   Je te remercie à genoux.

# V

> Posez la main sur la terre, et dites-
> moi pourquoi elle a tressailli.
> *(Paroles d'un croyant).*

*à Auguste Brizeux.*

# MISSION DU POÈTE.

Le siècle a parcouru le tiers de sa carrière,
Et rien ne s'est encor fixé dans nos esprits.
Trônes, croyances, lois tout s'écroule en poussière,
Tout flotte, erre au hasard, comme de vains débris.
Et, comme le pasteur attardé sur la grève
Entend mugir le flot par les autans battu,
J'entends frémir le sol qui tremble et se soulève;
 Oh! monde, dis-moi, qu'attends-tu?

J'attends que sur mon sol un regard de Dieu passe,
Et germe un peuple enfin jeune et purifié.
Je suis las de rouler sur ma vieille surface
Les ruines d'un globe au cœur putréfié.
Et je tremble aujourd'hui, comme autrefois la terre
Quand le Christ eut vécu ses suprêmes instants,
Et j'attends comme alors d'autres cieux, une autre ère,
    Voilà, voilà ce que j'attends.

Quand les mondes perdus au crime s'endurcissent,
Le ciel a deux moyens de les régénérer,
Et, selon que les cœurs plus ou moins s'adoucissent,
Que l'idée ou la force a su s'en emparer,
Il jette à notre ardeur tantôt un cimeterre,
Tantôt une pensée à retremper l'esprit,
Il envoie ou Samson, ou Moïse à la terre,
    Mahomet enfin ou le Christ.

Le fer du chevalier gouvernait tout naguère,
Alors il était beau de refouler la loi,
Alors il était beau de crier à tous : guerre,
Ma force est la justice et l'épée est mon roi.

Mais ce n'est plus le sang qui lavera le monde,
Le drapeau de la guerre aujourd'hui se flétrit.
Il faut que la pensée à grands flots nous inonde,
    Pour vivifier notre esprit.

A toi donc désormais, à toi donc, ô poète,
De réveiller enfin la vérité qui dort,
Comme à Jérusalem autrefois le prophète,
Plonge dans l'avenir avec ta harpe d'or.
Oh ! la divinité par la lyre invoquée
Laisse tomber du ciel des sons purifiés !
Crie, ainsi qu'à Stamboul du haut de la mosquée :
    Peuples, adorez et priez.

Le temps t'a sacré roi ; — flétris dans ton délire
Tous ces démolisseurs, ces sophistes maudits,
Et reconstruis un monde aux accords de la lyre,
De même qu'Amphion bâtit Thèbes jadis.
L'ange ne vient-il plus t'effleurer de son aile
Et te purifier le front comme autrefois ?
Rattache dans les cieux la croyance éternelle
    Par le symbole de la croix.

Il ne faut plus ces chants fades du dernier âge,
Aux accords sans vigueur chantant la volupté.
Je veux la poésie au rude et dur visage,
A la corde de fer vibrant la vérité ;
Prenant à Dieu sa joie, à l'homme sa misère,
Tantôt fille du ciel par sa sublimité,
Puis abaissant son vol et fille de la terre
   Vivante d'actualité.

Mais il faut se sentir l'âme trois fois trempée,
Et moi je n'ai jamais senti l'idée en feu
Ardre, ébranler mon front, comme une main crispée,
Et je n'ai pas senti le souffle fort de Dieu.
Pourquoi donc aux autans livrer ma plume blanche?
Pourquoi dans ce torrent jeter ma goutte d'eau?
Lorsque du haut des monts s'écroule l'avalanche,
   Entend-on le cri de l'oiseau?

J'aime d'amour profond la paix, l'obscur asile.
— Insensé qui toujours veut voler au sommet!
Plus on est près de terre, et plus on est tranquille,
Jusqu'à ce qu'au-dessous on le soit tout-à-fait!..

Mon cœur, comme un flambeau dans la main d'une femme,
Tremble et sur le mur jette une pâle clarté ;
Je mourrai sans avoir soupiré dans mon âme,
  Sans avoir aimé, ni chanté.

Car le doute a saisi mon âme encore neuve;
Tant de rapports divers confondent la raison !
Et j'ai croisé les bras, et triste au bord du fleuve
Je reste assis, les yeux tournés vers l'horizon,
Et j'attends sur la terre une voix plus divine,
Comme autrefois les Juifs errant dans leurs déserts
 Attendaient que leur chef monté sur la colline
  Rapportât de plus saints concerts.

1837.

*À M. Philarète Chasles.*

# VI

> Dieu a bâti son église sur la pierre
> et rien n'a pu la renverser.
> St-Jean Chrysostôme. *(Disc. cont. les Juifs.)*

## LE PAPE ET LUTHER.

### I

Or, voilà trois cents ans que l'Europe engourdie
Se réveilla soudain au sein de l'incendie.
Une torche allumée au nom sacré de Dieu
Du nord jetait la flamme à l'univers en feu.

De moment en moment le bruit semblait s'accroître,
Car un moine arrachant les barreaux de son cloître
Renversait sous ses coups les couronnes des rois,
La mître du Pontife et jusques à la croix.

Et voilà qu'il jeta sa robe sur le monde,
Et la terre étouffait sous sa dépouille immonde,
Comme sous le contact d'un démon de l'enfer.
Cet homme-là c'était le grand Martin Luther.

Il paraissait monté sur les tours d'Allemagne,
Et plus haut qu'un Titan debout sur sa montagne,
On l'apercevait là de partout, l'œil altier,
Étendant ses grands bras sur l'univers entier,
Ainsi que le vautour qui dans les airs déploie
Ses grands ongles armés pour emporter sa proie.

Et le peuple admirant muet le regardait,
Et l'Europe attentive espérant attendait.
Et quand se remuait ce lion de la Saxe,
On eût dit que le globe eût tremblé sur son axe,

Et chaque fois qu'au peuple il jetait quelque mot,
Le peuple ardent courait le ramasser bientôt;
Et l'on entendait sourdre alors un grand murmure,
Comme un fracas d'épée et des cris de torture.
Et lui Martin Luther était là qui riait,
Et puis aux nations, aux papes il criait :

« Europe, éveillez-vous, le joug qui vous incline
Ne doit pas plus longtemps presser votre poitrine.
Non, vous n'êtes pas faits, frères, croyez-moi bien,
Pour obéir toujours et pour ne penser rien.
Je t'apporte pour phare et la croix et la Bible,
Là cherche ta croyance, et quant à l'infaillible
Qui te prescrit ta loi, peuple, tu lui diras :
Non,—j'examinerai, je ne me tairai pas,
J'aurai des yeux pour voir, une âme pour entendre !
Dieu mourut pour qu'enfin l'homme le pût comprendre !

« Oh ! quand les nations vagissaient au maillot
Sans un penser au cœur, sans épeler le mot,
Ne connaissant encor que la herse ou l'épée ;
Que tes papes avaient l'âme forte et trempée,

Qu'ils s'appelaient Grégoire, Urbain deux, Innocent,
Rome, alors je conçois ton pouvoir si puissant,
Que d'un revers de main, selon ta fantaisie,
Tu pusses renverser l'Europe sur l'Asie,
Et quand ta voix au monde avait dit : me voilà,
Qu'il s'arrêtât tout court, et te suivît par-là.

«Mais les jours sont changés; — au bout des temps l'Europ[e]
En croissant a rompu cette rude enveloppe ;
Et puis tous tes prélats sont devenus si vains,
Que si pour embrasser leurs ancêtres divins,
Ils voulaient se hausser sur leurs jambes caduques,
Ils ne pourraient pas même arriver à leurs nuques.
Rome, j'ai vu tes morts, l'ombre de tes héros
Surgir livide et pâle au-dessus des tombeaux,
Ils ont passé jetant sur toi le cri d'alarmes,
Ils ont branlé la tête et répandu des larmes,
Parce que tu n'es plus la ville du Seigneur.

« Or, comme eux je crierai : malheur à toi, malheur,
Toi qui te replongeant au temps de barbarie
Où la Théodora, cette horrible furie,

T'éreintait et jetait la tiare à l'encan,
As vu la Vannoza régner au Vatican,
Scandaliser le monde, et des mains cléricales
Renouveler encor d'infâmes lupercales.

Que d'excès dans ton sein, de crimes grandissant!
Quelle débauche, oh Dieu! de carnage et de sang!
Le fantôme indigné de la Rome païenne,
A reculé d'horreur devant Rome chrétienne....

Peuple, n'approche plus du temple du Seigneur,
Ils en ont fait un bouge, un lieu de déshonneur,
Et la lèvre de vin et de baisers rougie,
Ils ont fait du calice un vase pour l'orgie!

Oh! que vois-je? ici même, aux yeux de l'immortel
Des baisers, des seins nus, l'inceste est sur l'autel...

Les vases sont souillés au trône de l'apôtre,
Un pape, un père, oh! Dieu, sur sa fille se vautre!
Puis verse l'huile sainte eau des plus purs esprits
Sur ces membres impurs par ses baisers flétris.


« Allons, chrétien, achète encore l'indulgence,
Crois apaiser par-là la céleste vengeance;

Non, c'est pour que le pape ait, s'il se sent en feu,
Un plus nombreux sérail où se calmer un peu,
Et que dans son harem l'odalisque qu'il gorge
Ait des anneaux aux doigts, des colliers à la gorge?
N'enrayerez-vous donc pas un jour cet affreux char
Qui semble promener le Christ au lupanar?
Assez de mots honteux sont sortis de ta bouche,
Pape, pour qu'il soit temps enfin qu'on te la bouche,
Et qu'un poignet robuste empêche de sortir
Les blasphêmes d'enfer que tu voudrais mentir.
Je commence à trouver qu'il est temps que je casse
Ton thyrse dans ta main, ton masque sur ta face,
Et que d'un bras puissant saisissant le marteau,
Je démolisse en bas ton infâme treteau,
D'où la tête penchée au sein des courtisanes,
Comme un fat, entouré de baladins profanes,
Amolli dans les arts, ivre de volupté,
Tu proclames encor : je suis la vérité.
N'a-t-on pas vu jusqu'à trois papes inflexibles,
Se condamner tout trois et se dire infaillibles?

Au nom du Dieu de paix, d'autres lancer parfois
Les fils sur leurs parens, les sujets sur leurs rois?
Maintenant c'est trop tard. — L'Europe qui s'éveille
Siffle ta voix cassée, ou se bouche l'oreille.

« Insensé qui toi-même aiguisas le poignard
Qui te devait au cœur atteindre tôt ou tard !
Car l'Europe gisait à tes pieds prosternée,
Couvrant d'or et de fleurs ta tête couronnée,
Ignorant tout alors; — c'est toi qui dans tes bras
La pris à son chevet et bientôt l'éclairas,
Toi dont l'haleine un jour vivifiante et forte
A rallumé la flamme en cette cendre morte,
Qui dis à ce cadavre assis dans le cercueil :
Allons, marche au grand jour et jette ton linceuil.

« Puis quand tu l'eus ainsi de science altérée,
Initiée aux arts, de lettres enivrée,
Tu lui crias soudain : cet esprit que ma voix
Cultivait avec soin et formait autrefois,
Il faut le rejeter, comme un dangereux glaive,
Détruire près du sol l'arbuste qui s'élève.

Mais, ainsi qu'à la nier, en vain tu lui diras :
Tu n'iras pas plus loin, là tu t'arrêteras.
Christ a fait l'homme libre et non pas ton esclave,
Il a droit de penser sans l'ordre du conclave.


« Dis, que sont devenus tous tes vastes rameaux,
Où s'abritait le peuple, ainsi que des oiseaux?
Brisés! — et cette voix qui donnait la victoire?
Morte! — et ces rois soldats qui servaient à ta gloire?
Morts! morts! tout cela mort! — Rome, ne vois-tu pas
Que ta riche simarre est trouée aux deux bras,
Qu'elle ne tient plus guère à tes faibles épaules,
Qu'on va te l'arracher avec tes banderoles,
Que ton corps tout pourri se dissout par morceaux?
La débauche a collé ta peau sur tes vieux os.
Nouveau Sardanapale, allons prends ta quenouille,
Car aussi bien ton sceptre est trop lourd et se rouille,
Et c'est mal aisément qu'on y verrait écrit
Sous la boue et le sang : c'est la verge du Christ.
Ton pouvoir absolu meurt avec Boniface :
Le soufflet que Philippe infligea sur sa face

Fut entendu partout; le Dante l'applaudit,
Plus tard, chez les Anglais, Wiclef y répondit.
Puis Jérôme de Prague, Hus et Savonarole,
Mes dignes précurseurs, de leur forte parole
Attaquèrent au vif ce trône édifié
Avec le vol et l'or du monde spolié,
Comme ce monument qu'une fille perdue
Bâtit avec les gains de sa beauté vendue.

« Plus fort que les Othon et les Hohenstaufen,
Je bats les Guelfes, moi; l'Allemand règne enfin.
Nouvel Arminius dans les plaines germaines
J'ai détruit, enterré les légions romaines;
Le pape pleure en vain ses moines disparus,
Comme Auguste pleura les soldats de Varus.

« Maintenant les parfums des encensoirs de Rome
Se sont évaporés, ainsi qu'un vain arôme.
Sa couronne n'est plus que de fleurs de pavots,
Et de cyprès jauni, cet arbre des tombeaux.
Pauvre église aujourd'hui si nue et délabrée,
Dis, te rappelles-tu ton enfance épurée

Par la foi la plus sainte et l'amour du sauveur ?
Oh! comme tu priais avec âme et ferveur !
Quel spectacle c'était de voir ces catacombes
Où se mêlaient partout les berceaux et les tombes,
De voir tous ces vieillards, ces femmes sans terreur
Crier : je suis chrétien, à la tourbe en fureur !

Tu ressemblais alors à la vierge mystique,
Les taches ne souillaient jamais ta robe antique,
Les anges emportant les voiles de ton sein
Eux-mêmes les lavaient aux ondes du Jourdain.
Comme tu paraissais paisible et recueillie !
En te voyant alors, qui ne t'eût accueillie ?
Le monde était en feu, tu fus l'ange de paix,
On te salua roi !... comme tu nous trompais !

A peine eus-tu quitté les ombres de la crypte,
Tu devins plus tyran que les prêtres d'Egypte.
Tu dressas des bûchers; — blasphémant par la croix
Tu pris pour escabeaux les peuples et les rois.
Madeleine cessa de frapper sa poitrine,
Et redevint encor l'infâme Messaline,

Et la sainte colombe emblême de l'amour,

Se baigna dans le sang, et devint un vautour.

Tu forgeas dans ton antre en foudre incendiaire

L'auréole du Christ et sa pure lumière,

En profane Sidon changeas Jérusalem,

En somptueux palais l'auge de Béthléem;

Tu revêtis enfin le luxe et le cynisme

De ton ennemi mort, l'antique paganisme,

Comme Alexandre, après le bataille d'Yssus,

Prit aux peuples soumis leurs mœurs et leurs tissus.


La verge de Moïse autrefois protégée

Dans un serpent affreux aujourd'hui s'est changée

Et c'est pourquoi j'ai dit : je briserai l'autel

Où ce dragon impur verse un poison mortel.

Je veux détruire, moi, cette infâme Sodôme.

Je serai l'Alaric de la nouvelle Rome.

A l'œuvre, à l'œuvre donc ! car voici le moment,

Oui, je veux ébranler jusqu'en son fondement

Ce superbe édifice où, races infernales,
Les papes jour et nuit hurlent leurs bacchanales,
Dussé-je en ma fureur, de même que Samson,
Renverser sur mon corps le temple de Dagon!...
Que son dôme me tue et m'écrase, qu'importe ?
Pourvu de ces débris qu'aucun de vous ne sorte !

Ma parole sera le bélier furieux
Qui fera s'écrouler vos remparts odieux.
En vain vous voudriez en réparer les brêches,
Oh! vous ne pourrez pas échapper à mes flèches
Plus hardi qu'Attilla je ne m'enfuirai pas
Devant les beaux habits de vos riches prélats.
J'irai m'asseoir bientôt au milieu de vos stalles,
Vous présentant la Bible au lieu des décrétales,
Au lieu de la devise : argent et cruauté,
L'évangile à la main, gravant partout : bonté,
Mettant enfin le Christ à la place de l'homme,
Et l'intérêt du monde à la place de Rome.

Et vous, mes ennemis qui haïssez ma voix,
Saisissez le rocher et le glaive à la fois,

Poursuivez-moi sans cesse, oh! je ne vous crains guère,
Car toute vérité s'accueille par la guerre,
Mais bientôt reparaît comme celle du Christ,
Car la flamme divine échauffe mon esprit.

Si moi fils d'un mineur et moine sans intrigue,
J'ai pu repousser seul la vengeance et la ligue
Des rois et du pontife acharnés contre moi,
Et si dans ce moment je les glace d'effroi
N'est-ce qu'un fait humain? — Sans craindre pour ma tête,
Si j'osai plein de foi m'avancer à la diète,
Soutenir contre tous, sans peur des châtimens,
Mes livres inspirés, mes hardis sentimens,
Est-ce humain? — Pour répondre à mes écrits qu'on brûle,
Si je fais aussi moi jeter au feu la Bulle,
Et si pour applaudir à cet acte nouveau,
Tous ont battu des mains en me criant : bravo,
Est-ce humain? — Si je donne au monde le spectacle
Du droit vainquant la force et brisant tout obstacle,
Si l'Europe à ma voix avec un grand fracas
S'est partagée en deux, comme un vase en éclats;

Pape, si tu n'as plus parmi tes prosélytes
Que les peuples du sud ignobles acolytes,
Si tout le nord enfin a surgi contre toi,
Est-ce un fait naturel, un fait humain, dis-moi ?
Ou n'est-ce pas plutôt, que l'esprit saint m'enivre ?
Ou n'est-ce pas que Dieu m'a fait manger le livre
Gros de prédictions, de larmes et de fiel,
Que jadis avala l'illustre Ezéchiel,
Et que Dieu m'a donné comme à ce grand prophète,
Un céleste rayon qui brille sur ma tête,
Une langue de pierre, un front de diamant
Pour braver votre rage et parler hardiment ?
Accordant l'évangile avec notre nature,
Je maudis le couvent cette taverne impure,
Et voulus en donnant une femme à chacun
Empêcher tout chrétien de vivre du commun.

J'ai vu poindre là-bas la nouvelle lumière,
La brise m'a porté les bruits d'une autre terre,
Non, pape, ce n'est pas ta tiare en travers,
Qui pourra dans sa marche arrêter l'univers,

Crains,—c'est plus sûr pour toi,—d'allumer trop sa haine,
On peut faire au besoin un glaive de sa chaîne !...
Je le dis, — désormais tes foudres lanceront
En vain la flamme au corps et l'anathème au front.
Tu peux prendre Luther et faire qu'on le roue
Jusqu'au dernier soupir sur la plus lourde roue,
Sur tes durs chevalets tu peux bien le coucher,
Tu peux dire au bourreau : souffle bien son bûcher,
Car ce nouveau Jean Hus me mord et me tenaille,
Et près de lui je trouve un peu faible ma taille.
Mais quand tu jetterais sa cendre vaine à l'air,
Effaceras-tu donc le grand nom de Luther
Inscrit à Wittemberg et sur toute la terre ?
Empêcheras-tu donc cette voix de tonnerre
De retentir partout comme un écho des cieux,
Et mon front de briller près des plus radieux ?

Le moyen-âge encor levait sa tête altière,
Je l'ai touché du doigt, il n'est plus que poussière...
Pontifes, chevaliers, empereurs belliqueux,
Moi, je les vaincrai tous, je serai plus fort qu'eux.

Aevc Charles d'Autriche on voit mourir l'empire,

Et la chevalerie avec François expire.

Mais avec moi commence un système nouveau,

La liberté toujours me prendra pour drapeau.

Moine obscur échappé des cloîtres d'Allemagne,

Voici que j'ai tendu la main à Charlemagne;

Lui l'édificateur, et moi qui détruisis

Les bras entrelacés sur les mondes transis,

Nous paraîtrons aux deux termes du moyen-âge,

Tels que ces hauts granits debout sur le rivage

Qui par-dessus le fleuve élevant leurs arceaux,

Marquent au voyageur des empires nouveaux. »

II

Et ce disant Luther marchait sur la tiare,
Entraînant avec lui l'Europe qui s'effare,
Et les papes sentaient leurs cheveux se blanchir,
Et les rois sous leur or se prenaient à fléchir,
Et grandissant Luther emportait leur royaume,
Ainsi que l'ouragan emporte un faible chaume.

Cependant, une nuit, dans un songe odieux,
L'avenir apparut tout sanglant à ses yeux,
Et les siècles futurs tout-à-coup se montrèrent
La face ensanglantée, et lui vociférèrent :
« Bien des heures, Luther, sonneront au beffroi,
Avant qu'il soit fléau plus terrible que toi.
Tes injures, tes cris, tous les traits de ta rage
En retombant sur toi te percent le visage.

Si ton discours fatal fut si bien écouté,

Ce n'est pas par amour de la divinité;

Divinité de rois et d'évêques despotes,

Et qui brisent la main qui châtiait leurs fautes;

Vérité de seigneurs aux avides desseins

Qui veulent ressaisir les biens de leurs voisins,

De peuple furieux qui dévaste les terres,

Et se plaît à ravir l'argent des monastères;

Sainte religion de moines renégats

Que le ciel bénissait et qui n'en veulent pas;

Vérité de nonnains que la luxure oppresse,

Et qui jettent le voile afin qu'on les caresse.


Mais tu voulus en vain profaner l'encensoir,

Le monde a reconnu l'unité de pouvoir.

Au mont du Golgotha, l'église a pris sa source;

Depuis lors rien n'a pu l'arrêter dans sa course,

Elle a coulé partout en fleuve étincelant,

De même que le Rhône en sortant du Mont-Blanc.

Ses flots ont un moment débordé sur le monde,

Mais ils étaient rentrés dans leur couche profonde,

Quand ta voix rompt la digue, enfante Sixte-Quint,
Et rallume le feu du foudre presqu'éteint.
Le grand œuvre de Dieu qui civilisa l'homme,
Ne sera pas détruit par toi, chétif atôme.


L'agneau chrétien qui sut par les vertus du cœur,
Et la grâce d'en haut se rendre enfin vainqueur
De la louve du Tibre, aux mamelles chargées
Du sang des nations qu'elle avait égorgées,
Et marchant glorieuse et les pieds affermis
Sur les corps abattus de ses fiers ennemis,
Saura bien triompher de ce monstre difforme
Enfanté par le Nord et qu'on nomme réforme.


On s'étonna d'abord de ton discours tranchant,
Mais lorsque Bossuet descendit dans le champ,
Te saisit corps à corps, on vit bien que ta taille
Était petite au fond, et n'avait rien qui vaille.
Il montra ta maigreur, et depuis ce moment
Ton souffle dans ton sein râla piteusement.

Colonnes de l'église, Augustin, saint Jérôme,
Cyprien, saint Ambroise et saint Jean Chrysostôme
Que le souffle d'en haut autrefois visitait,
Juges à qui partout l'Europe soumettait
Les doutes qui venaient l'inquiéter sans nombre,
Rayons sacrés du ciel resplendissant dans l'ombre,
Vous, dans votre âge usé s'en allant par lambeaux,
Qui sembliez des saints marchant sur des tombeaux,
Pour rappeler les morts à la vie éternelle,
Voyez ce pauvre moine à l'âme criminelle
Vouloir jeter la boue à vos fronts offensés,
Et traiter d'ignorans tous les siècles passés.

Mais dans la tombe avant qu'on ne le vît descendre,
Tous s'étaient partagé l'empire d'Alexandre.
Mille sectes pleuvant sur le monde agité
D'un brouillard plus épais couvrent la vérité.
La gerbe de la foi déliée et moisie
S'égraine et se disperse au vent de l'hérésie,
Et l'aire Européenne où la fange a croupi
Dans son limon impur perd le céleste épi.

Austères puritains, quakers, anabaptistes,
Disciples de Zuingle, anglicans, Servetistes,
Tous montent le coursier où tu t'étais assis,
S'ouvrant d'autres chemins sur de nouveaux débris.

L'Europe déicide elle aussi pour pontife,
Comme Jérusalem, salue Anne ou Caïphe,
Partage le manteau sacré de l'immortel,
Et se fait son cercueil avec des ais d'autel.
Ne te verra-t-on pas, Christ, soulevant ta pierre,
Abattre encore un jour, le front dans la poussière,
Tous ces Juifs qui t'ayant insulté sur la croix
Ont scellé ton tombeau pour étouffer ta voix?
Ne te verra-t-on pas, de ta verge éternelle,
Dans cette Josaphat impure et criminelle,
Frapper et disperser ces apostats hardis,
Et t'écrier enfin : retirez-vous, maudits?

C'est en vain qu'ils voudraient s'entendre et se répondre,
On voit, comme à Babel, leurs langues se confondre.
Leur doctrine ressemble à cet Atlas ancien
Qui portait l'univers, mais ne posait sur rien.

Oh! qu'elle est bien plus belle et plus forte la chaîne
Qui, d'anneaux en anneaux en remontant nous mène
Jusqu'à ce large front qu'on aperçoit au bout,
Jusqu'à ce grand saint Pierre éclatant et debout
Qui levant ses deux mains sur l'univers et Rome,
Semble encor nous bénir du céleste royaume.
Pour souiller cette chaîne, on a souvent lancé
Et la boue et le sang, mais tout s'est effacé.


Ils sont grands ces prélats dont les soins salutaires
Ont conquis au vrai Dieu les plus lointaines terres,
Ces pontifes hardis qui seuls ont arrêté
L'empereur qui sans eux tuait la liberté.


Ils ont fait de l'hymen la chaîne la plus sainte,
Mais ton âme, Luther, fut de scandale enceinte.
Pour un peu d'or, ou bien l'appui d'un souverain,
Sous un prétexte monstre abrogeant son hymen,
Tu jetas je ne sais quelle infâme duchesse,
Au lit adultérin du landgrave de Hesse.

Et puis toi-même un jour, le sang trop échauffé,
Tourmenté par tes sens, de désirs étouffé,
Pour apaiser l'ardeur de ta chaude poitrine,
Tu t'en vas au couvent arracher Catherine.
Et marchant par-dessus vos sermens souffletés,
Accouplant tous les deux vos deux impuretés,
Sur la cendre et les os amassés par ta rage,
Vous vous pâmez de joie au milieu du carnage,
Et le flambeau lugubre éclairant ton hymen,
C'est le monde, Luther, embrâsé par ta main.
Tout le sol sous tes pas est jonché de ruines !
Oh ! que ne restas-tu bien plutôt dans tes mines
Voir s'écouler tes jours dans un travail obscur,
Que de corrompre l'air par ton langage impur ?...


Sol, que n'enchaînas-tu Cacus dans tes cavernes ?
Enfer, pourquoi vomir Satan de tes avernes ?
Car devant tout décombre on dit : c'est Attila,
Mahomet ou Luther qui sont passés par là.

Magnifique flambeau sculpté par le génie,
Dont la splendeur, hélas ! s'est tout-à-coup ternie
Au vent froid de l'orgueil, au souffle de l'enfer,
Astre tombé du ciel en suivant Lucifer,
Malheur, je te le dis : — malheur au **téméraire**
Qui voudra s'approcher trop près du sanctuaire.
Ainsi qu'Héliodore au temple des Hébreux,
Vit, saisi de vertige, apparaître à ses yeux
La face du Très-Haut rayonnant de lumière,
Et tomba foudroyé le front dans la poussière.
Ainsi croyant entendre au sein de ses débris,
L'Europe te crier : qu'as-tu fait de mes fils ?
Tu sentiras la mort au milieu de tes songes,
Tu verras, découvrant ton vice et tes mensonges
Le monde ne plus croire, entre tous tes sermons,
Qu'aux entretiens secrets feints avec les démons,
Et longtemps égaré de l'éternel rivage
Y ramener un jour son vaisseau qui naufrage,
Ainsi que nous voyons les fleuves, les ruisseaux
Dans le vaste Océan confondre enfin leurs eaux.

On a traîné, couché l'église sur des claies,
Et l'on a fait souffrir à son corps les dix plaies
Qu'Adonaï jeta sur les Égyptiens ;
Elle a vu sans trembler torturer tous les siens,
Comme le vit jadis la pauvre Machabée.
Sous le fer de ses fils elle est presque tombée.
Le vice l'emportant au désert, sur le mont,
Comme le Christ de Dieu tenté par le démon,
Devant elle étala ses attraits, ses délires,
Ses voluptés, son or et ses riants empires.
Aaron un moment charmé par ce trésor
Devant le veau maudit se ragenouille encor,
Mais bientôt entendant redescendre Moïse,
Honteux de son idole, il la jette, il la brise,
Il rallume l'encens dans le temple divin,
Et Dieu dit : avec toi je suis jusqu'à la fin.

Un jour le Sarrazin en menaçant l'Europe,
De ses noirs bataillons la presse et l'enveloppe,
Mais le pape a crié : levez-vous, ô mes rois,
Et le croissant bientôt a tombé sous la croix.

Lorsque de toutes parts l'Europe dans sa rage
Semblable à l'Océan se tordant sous l'orage,
Entrechoquait ses rois, ses peuples, ses seigneurs,
Si bien que les combats étaient les seuls honneurs,
Comme un faisceau magique, il étendait sa crosse,
Et soudain s'arrêtait cette guerre féroce.
Et c'était dans le monde un grand recueillement !
L'hymne du temple saint dominait un moment
Les cris de la bataille et son bruyant délire.
Saül se calme encore aux accens de la lyre.

Un jour, un jour le monde épuisé de combats
Aura soif d'une paix qui ne se trouble pas.
En vain cherchera-t-il dans tous lieux un arbitre !
Le vicaire de Dieu méritait seul ce titre.
Au milieu du carnage alors désespérant,
Il pleurera l'échec du projet d'Hildebrand.

Rome a toujours été le globe de lumière
Projetant son éclat sur notre Europe entière.
Mais toi, quel bien fis-tu ? ne dis plus : c'est ma voix
Qui prépara l'éclat des siècles que tu vois.

Non, le monde avait fait ses grandes découvertes,
Les routes au progrès étaient dès-lors ouvertes.
Et toi tu séparas l'âge des Médicis
Par une mer de sang du siècle de Louis.
Tu brisas tes barreaux, comme un tigre sa cage,
Et, comme des tisons dont la flamme saccage,
Luther, tu les jetas sur le monde apaisé,
Et tout soudain tressaille et tout s'est embrâsé.

Et le monde a rugi : qu'on m'apporte mes armes,
Arts et livres, fadaise à réjouir des carmes,
C'est du sang qu'il me faut, c'est du fer et du feu
Pour leur prouver à tous que tu blasphêmes Dieu.

Ciel ! que d'assassinats ! le meurtre se consacre,
On se prend à la gorge, on tue, on se massacre.
La Saint-Barthélemy décime les Français,
Muncer et les Tudor rivalisent d'excès.
Meurtre de Henri trois, meurtre de Henri quatre,
De Stuart, de Bourbon, —partout l'on voit combattre;
Oh ! toi qui nous causas de pareilles horreurs,
Maudit sois-tu, Luther, et désespère et meurs. »

Et puis Élisabeth, l'Irlande qu'on assomme,
Charles neuf, Ravaillac passèrent dans son somme.
Et tous tonnaient sur lui ces terribles clameurs :
Maudit sois-tu, Luther, et désespère et meurs.

Et lui tout délirant se tordait sur sa couche,
Le sang croissant toujours lui montait à la bouche.
Puis il sentait Satan de ses deux bras de fer
L'entraîner, l'entraîner jusqu'au gouffre d'enfer.
Il se levait pour fuir le démon qui le navre,
Mais voilà que ses pieds heurtaient contre un cadavre.
Il élevait en haut ses bras hâves et froids,
Voilà qu'il saisissait quatre têtes de rois.
Et ces lambeaux quittaient Whithe-hall et la grève,
Et se couchaient sur lui, le baisaient dans son rêve,
Effroyable baiser, cauchemar de la mort,
Où l'homme défaillit, car le fantôme mord.

Le matin, on trouva sa main roide et crispée,
Sa couche de sueur était froide et trempée,
Dieu semblait sur son front avoir écrit : remord !
Une voix retentit : il est mort, il est mort !!!

1838.

# VII

*à Charles Jouandre.*

## AMBITION.

Oh! je souffre ici-bas, la tristesse m'inonde,
Quand je vois tous les maux qui pèsent sur le monde,
Meule où vont se broyer tant de sceptres royaux,
Cloaque où tant de rage, où tant de bave écume,
Fournaise où chacun frappe et forge sur l'enclume
  Ou des chaînes ou des couteaux.

Et tandis qu'aujourd'hui dans l'horrible tourmente,
Le peuple, les bras nus et la bouche écumante,
Se remue et travaille ardent à dévaster,
Que celui-ci le pousse à cette œuvre de boue,
Que celui-là lui crie : assez! et sous la roue
      Jette son corps pour l'arrêter ;


Moi seul je reste assis !.... sentir brûler son âme,
Rêver la gloire, encens dont le parfum enflamme,
Rêver de grand renom, de pouvoir, de grandeur,
Se dire qu'il est beau d'être dans les tempêtes
Le phare vers lequel se détournent les têtes
      Pour se guider à sa splendeur ;


Le chêne au pied duquel le voyageur s'abrite,
Le chef d'un peuple enfin qu'un mot de vous agite,
De dompter le géant, de s'asseoir sur son dos,
Comme l'aigle s'asseoit sur une roche immense ;
De cette robe d'or qu'on appelle puissance,
      Vouloir arracher des lambeaux ;

Et rester inactif!... pas d'astre en vous qui brille,
Ne rien faire, aussi nul dans l'état qu'une fille !
Stupide regarder !... et soi n'être rien, rien,..
Désespoir! homme vain qu'on ne haït, ni qu'on n'aime,
Obscur, obscur qui passe et qu'on ne voit pas même,
   Arbre sans ombre et sans soutien!


Regarder un nuage, un papillon qui vole,
Effeuiller en passant la grisette frivole,
Est-ce vivre? manger, boire, pleurer, dormir,
Est-ce là vivre enfin? n'est-il donc autre chose ?
Éveille-toi, mon âme, afin qu'un jour je pose
   Vainqueur mon pied dans l'avenir.


Oh ! mon or et mes biens, pour rien qu'un peu de gloire,
Pour apparaître au jour, sortir de ma nuit noire,
Entendre autour de moi des voix qui se diront :
C'est lui notre héros, c'est lui notre poëte !
Pour avoir quelques fleurs à me parer la tête,
   Pour avoir une étoile au front.

S'appeler De Vigny, Lamartine ou Lavigne,
Au-dessus de la foule emporter comme un cygne,
Dans la sphère des cieux son essor et son vol ;
Et de là lui jeter parfois sa plume blanche,
Et voir le peuple en bas qui se presse et se penche
    Pour la ramasser sur le sol ;


Et se dire : peut-être à cette heure à mon livre,
Comme à la douce source, un jeune homme s'enivre
De joie ou de douleur et d'amour embrâsant,
Étreindre l'âme humaine à sa dernière fibre,
L'agiter, la frapper jusqu'à ce qu'elle vibre,
    Et rende un son fort et puissant ;


Voilà ce qui vaut bien, sur mon honneur, un trône,
Les songes les plus beaux que le sommeil nous donne.
Mais brûlant de jeunesse et d'ardeur s'assoupir,
Comme dans un tombeau, tout vivant dans sa bauge
Provinciale et triste, ainsi que dans son auge
    On voit l'animal s'accroupir !

Sans pouvoir le percer, lutter contre un nuage,
Luire à la mer lointaine, inconnu du rivage,
C'est à briser son cœur cet odieux miroir
Qui fait paraître ainsi trop faible notre taille,
C'est de rage à heurter son front sur la muraille,
    Criant : malheur et désespoir !


Mieux vaut être, pardieu, de l'Océan la lame
Qui bouleverse ; ou bien la comète de flamme
Qui brûle ; le lion qui dévore et rugit,
Que d'être la brebis gémissante qui bêle,
L'arbuste végétant, l'animal qu'on attelle,
    Que d'être du ruisseau le lit.


Voilà ce que souvent dans mes heures de veille
Je me suis dit : — Et lors que je prête l'oreille
A ces étranges bruits qui viennent du dehors,
Que je sens palpiter si fort tous les cœurs d'hommes,
Et que j'écoute sourdre en l'abîme où nous sommes,
    Le fracas que font tant de corps ;

Et puis que sur mon âme enfin tournant ma vue,
Je la vois d'avenir, de gloire dépourvue,
Sans reluire jamais d'un éclat radieux,
Alors je dis : c'est beau que d'élargir son âme,
Que de se décharger de cette vie infâme,
Comme d'un habit odieux.

1836.

# VIII

*Va, mon enfant, adieu,*
*A la grâce de Dieu.*

# LE SAVOYARD.

Je suis le Savoyard enfant de la montagne,

Exilé que partout la misère accompagne,

Et qui ne voit l'espoir qu'à travers les douleurs.

J'ai dit : adieu ma mère, adieu terre chérie,

Je ne vous verrai plus peut-être dans la vie,

  Et je versais des pleurs.

Car la vie ici-bas du Savoyard est rude,
Et quand j'arrive au soir mourant de lassitude,
Pas une porte, hélas! qui s'ouvre devant moi!
C'est que je ne connais pas un être qui m'aime,
C'est que le vagabond en tous lieux passe même
    Pour un homme sans foi.


Oh! vous, quand vous pleurez, bienheureux de la terre,
Vous avez quelquefois une main qui vous serre,
Les baisers d'un enfant dont le rire et le bruit
Font bientôt envoler l'ennui qui vous dévore,
Ainsi qu'on voit fuir au lever de l'aurore
    Les oiseaux de la nuit.


Moi je n'ai pas ici seulement une pierre,
Le tombeau d'un parent dans un vieux cimetière,
Où je puisse prier et m'asseoir en pleurant.
Je n'ai pas de paroisse où faire ma prière,
Car je marche toujours, dimanche et fêtes j'erre,
    Comme le Juif errant.

Ma paroisse est là-bas près de mon toit de chaume,
Mais lorsque j'y reviens, hélas! nul ne me nomme,
Étranger au village où je fus baptisé.
Quand j'arrive, ô mon Dieu! nul chien joyeux n'aboie,
Et nul enfant ne vient embrasser avec joie
  Le pauvre délaissé.


Je crains de retourner dans ma triste patrie,
Car peut-être en cherchant une mère chérie,
J'entendrais une voix dire : vœux superflus !
Elle n'est plus ici, ta malheureuse mère,
Va voir ailleurs, — il est dans la demeure amère
  Une tombe de plus.


Il va le Savoyard sous la pluie et la grêle,
Il est bien fatigué, la froidure le gêle,
Et cependant il va sous ces cieux trop ingrats,
Heurtant dans le chemin son pied contre les pierres,
Et son cœur dans la vie à toutes les misères
  Des choses d'ici-bas.

Espère, Savoyard, dans la faveur divine,
Car vois-tu les haillons qui couvrent ta poitrine
Sales et dégoûtant des fanges du chemin ?
Broyés peut-être un jour sous la meule foulante,
Ils seront un papier de blancheur plus brillante
      Qu'une toile de lin.

Eh! bien ainsi de toi, Savoyard. —Quand ton âme
Laissant ton corps au fond de quelque fosse infâme
Enfin aura brisé tous ses liens maudits,
Elle s'échappera vers les cieux blanche et belle,
Puis un ange viendra la porter sur son aile
      Au sein du paradis.

1837.

# IX

## SUR UN ALBUM.

Ainsi donc, vous partez. — D'ici long-temps, Madame,
Paris ne verra plus votre bel œil de flamme
      Où tout un ciel reluit.
Nos soirs auront perdu leur plus splendide étoile,
Après avoir brillé, le firmament se voile,
      Et nous avons la nuit.

Oh! voyez-vous, la vie est une arène sombre,
Où notre œil aperçoit moins de soleil que d'ombre,
   Plus de rocs que de fleurs.
On y marche à tâtons, et sans cesse l'on tombe
Sur un cadavre aimé, sur un marbre de tombe
   Qu'on arrose de pleurs.


De tristesse en tristesse enfin l'âme succombe !
Qu'il n'en soit pas ainsi pour vous, pauvre colombe
   Isolée ici-bas,
Que Dieu bien loin de vous chasse toute poussière,
Et répande à torrens ses rayons de lumière
   Au devant de vos pas !


Qu'il ôte devant vous et la ronce et la pierre,
Et parfume à jamais votre belle carrière
   Des parfums les plus doux !
Soyez toujours heureuse, ô blanche jeune femme !
C'est le vœu qu'un ami dévoué dans son âme
   Forme aujourd'hui pour vous.

Adieu donc ! — Vous partie, oh ! nous serons comme Ève
Hors du jardin céleste, à qui sa faute enlève
  Les regards de son Dieu.
Puissent ces faibles vers inscrits sur cette page
Vous rappeler parfois mon nom et mon image,
  Et maintenant, adieu !

# X

*À M. Émile Deschamps.*

X.

# BOSSUET.

Ils étaient là pressés à l'entour de sa couche
Tristes, silencieux et répandant des pleurs,
Attendant que sa voix qui fit vibrer les cœurs
    Sortît encore de sa bouche.
Car il est un instant où plus près de périr,
L'âme sur les confins du ciel et de la terre
Parfois de l'avenir entrevoit le mystère,
    Et Bossuet allait mourir.

Vous tous qui l'entourez, oh! prêtez bien l'oreille
A ces derniers accents de l'homme sans rival,
Démosthène français, profond comme Pascal,
  Et sublime comme Corneille.
En effet tout son corps se prit à tressaillir,
Ses regards embrâsés d'un feu saint éclatèrent,
Et ses esprits émus tout inspirés jetèrent
  Ces paroles de l'avenir :

« Mon Dieu, pourquoi ta main touche-t-elle ma lèvre
De ton charbon ardent, ainsi qu'au fils d'Amos,
Quand à l'Israléite il prédisait ses maux,
  Sombre et lugubre dans sa fièvre?
Amis, séchez ces pleurs, ne pleurez pas sur moi,
Mais pleurez bien plutôt sur la France qui sombre,
Devant moi l'avenir jette son reflet sombre,
  Et mes os ont tremblé d'effroi.

« Déjà de tous côtés le grand siècle agonise :
Le philosophe Bayle a remplacé Pascal,
Sur nos drapeaux vainqueurs tombe le sort fatal,
  La France avec Louis se brise.

Dieu ! quel est ce vieillard chauve, au front sépulcral,
Un pied dans le tombeau, que la luxure oppresse,
Qui s'en va s'appuyant un bras sur sa maîtresse,
    Et l'autre sur un cardinal ?

« Sous le trône partout s'est creusée une mine,
La guerre et les revers accablent ses états,
Qu'importe au nouveau Claude ! il ne regarde pas,
    Il dort avec sa Messaline.
Et les peuples sont là qui murmurent en bas !
Et lui de plus en plus s'énerve et s'efféminé,
Qu'importe au nouveau Claude ! il a sa Messaline,
    Vous ne le réveillerez pas !

« Où pourrai-je poser mes yeux sur cette terre,
Si celui qui commande est si vil et si bas ?
Car un roi peint son temps, c'est un vivant amas
    De son vice et de sa lumière.
Non, le roi ne fait pas son siècle, croyez-moi,
L'âge qui vit Néron n'aimait que les supplices,
L'âge de Louis quinze était rongé de vices,
    C'est le siècle qui fait son roi.

« Voyez-le donc ce peuple en bas qui se remue :
Or voici qu'au festin dix hommes sont assis,
Ils ont au milieu d'eux posé le crucifix,
  Et chacun l'outrage et le hue.
Et si parfois la crainte a glacé leur esprit,
Ils se passent plus pleine et plus rouge la coupe,
Et voilà que soudain le grand chef de la troupe
  S'est écrié : mort, mort au Christ !

« Mort au Christ, mort au Christ ! écrasons cet infâme !
Ensemble ont répété les dix hommes assis.
Et tous ils ont craché sur le saint crucifix ;
  La rage redouble en leur âme.
Et l'un d'eux dit encore : amis, écoutez-moi,
Tant qu'un roi régnera, nul ne sera leur maître,
Donc il faut du boyau tout chaud du dernier prêtre
  Serrer le cou du dernier roi.

« On applaudit l'impie, on blasphème, on déclame,
Et le chef triomphant distribue à chacun
Sa part d'impiété contre Dieu, charge l'un
  De matérialiser l'âme.

Il donne à celui-ci le culte à renverser,

L'autre fait du couvent une taverne impure,

Il leur livre le ciel, le monde et la nature,

    Comme un cadavre à dépecer.

« Mais quant à lui soldé par l'Anglais il déchire

Les feuillets les plus purs de nos fastes géants,

Il profane à plaisir la vierge d'Orléans,

    Et l'étrangle dans un fou rire.

Il ment l'histoire et rit; rit en parlant du ciel !

Il rit tant que parfois au lieu de son génie,

Il ne lui reste plus que de l'acrimonie,

    Et de la bave au lieu de fiel.

« Et c'est dans tous les rangs un délire indicible :

Le fils dépravé rit de son père en tout lieu,

Le sujet de son Roi, la terre de son Dieu,

    Partout c'est un rire invincible.

Et le peuple asservi par le vice et l'erreur

Bien longtemps s'asseoira spectateur immobile,

Ainsi l'on voit souvent un soir calme et tranquille

    Précéder une nuit d'horreur.

« Le voici, le voici le foudre de l'orage !
Et tout s'est ébranlé sous son souffle mutin ;
Il a fait un géant de ce peuple crétin,
  Changé la mollesse en carnage.
Tout ce qui fut sacré trébuche à son tombeau,
On n'entend que le bruit des autels qui s'écroulent,
Des trônes s'abattant, des peuples qui les foulent
  Criant : Mirabeau ! Mirabeau !

« Mais près de ce tribun tonne une voix élue,
Comme Jean, elle crie : homme, reviens à Dieu,
Courage, jeune prêtre, ardent au cœur de feu,
  Maury, Bossuet te salue !
C'est un luth au milieu de sauvages concerts,
Lui seul du ciel encore il rallume le phare,
Comme la jeune femme à l'époux qui s'égare
  Rallume le fanal des mers.

« Mais qui pourrait, hélas ! ranimer un fantôme ?
Il s'affaisse ce dais dont Louis six, Suger,
Et Louis onze sont les puissants clous de fer,
  Et Louis quatorze le dôme.

Où menez-vous le char de cette royauté ?
Il descend, l'essieu crie, en éclats se fracasse,
Le roi tombe, et bientôt la vile populace,
    Comme un valet, l'a souffleté.

« Au tribunal de sang on traîne l'homme auguste,
Et pourtant ces bourreaux devant ce royal front,
Comme Ponce-Pilate, alors se lèveront
    Pour défendre le sang du juste.
Mais les lâches ! voilà que pour être égorgé,
Ils le livrent enfin à cette tourbe aveugle
Qui rugit au dehors et, comme un taureau, beugle :
    Crucifige, crucifige !...

« Ce jour-là, le bourreau sur la France se couche,
Changeant le fleuve en sang, le trône en échafaud,
Et le glaive en poignard et l'autel en billot,
    Les fruits en cendres dans la bouche.
L'homme de bien proscrit, ainsi que Marius,
Court se cacher dans l'ombre et les joncs de Minturnes,
Et Rachel dans Rama pleure encor sur des urnes,
    Parce que ses fils ne sont plus.

« Voyez-vous pas la mort qui sur son coursier pâle
Descend sur le pays consommer son hymen ?
Dieu semble encor placer à la porte d'Eden
   L'ange avec son arme fatale !
Satan fond sur le monde et l'étouffe et le mord ;
Pitié, mon Dieu ! pitié pour cette pauvre terre,
Ce n'est qu'un abattoir, un tombeau solitaire,
   Caravansérail de la mort !! ..

« Ce siècle meurt laissant au bas de sa ruine
Le seing de trois grands noms en traits de sang inscrits,
Comme un bélier puissant sur des murs en débris,
   Cette trinité le domine ;
L'un de l'autre ils sont nés et descendus tous trois,
Voltaire, Mirabeau, le sanglant Robespierre,
L'un foulant Christ aux pieds, l'autre un trône en poussière,
   Le dernier deux têtes de rois.

« Que de sang en ces jours s'écoule avec les larmes !
Tout a croulé, malheur ! le pays va périr,
Non, il n'est que souillé, je le vois refleurir,
   Et se relever tout en armes.

Sur le monde chrétien planent à l'horison,
Comme de grands vautours errant sur la montagne,
Les trois grands empereurs d'Europe, Charlemagne,
   Charles-Quint et Napoléon.

« Lasse de l'empereur et du poids de son règne
La France l'abandonne et change de drapeau;
Le manteau de Nessus des rois brûle la peau,
   Leur front sous les couronnes saigne.
Ils ont voulu s'asseoir, leurs trônes n'étaient plus,
Ils ont passé proscrits à travers leurs royaumes,
Et tous ont demandé quels étaient ces fantômes ?
   Ils ne s'étaient pas reconnus !

« La France leur refuse un toit, un coin de terre.
Adieu, race exilée, adieu donc, mes vieux rois,
Pleurez, pleurez, forcés pour la troisième fois
   De fuir sur la terre étrangère.
Oh ! peuples, n'est-ce donc qu'à coups de fouets qu'il faut
Qu'on vous fasse marcher et qu'on vous éperonne ?
Henri huit, Richelieu moururent sur le trône,
   Charle et Louis sur l'échafaud.

« En ces jours quelques-uns croiront la fin du monde,
Car, ainsi qu'en l'an mil, tout flotte en ce moment,
Et comme alors la terre est dans l'enfantement,
  Un nouveau système se fonde.
Pour grandir à nos rois il fallut six cents ans,
La féodalité mit cinq siècles à naître,
Ainsi la nouvelle ère, avant que d'apparaître,
  Gémit et travaille longtemps.

« Quel est ce bataillon qui tout armé se lève
Pour défendre les droits des monarques vaincus ?
Amis, le Christ guérit l'oreille de Malchus,
  Comme Pierre, jetez le glaive.
Mais à la royauté gardez bien votre amour,
Comme au sépulcre saint jadis les saintes femmes,
Embaumez son cadavre aujourd'hui de cinnames,
  Afin qu'il ressucite un jour.

« Mais voici que dans l'ombre un doux rayon m'éclaire,
Le céleste flambeau de l'immortalité
Me montre enfin le Christ, les rois, la liberté
  Régnant ensemble sur la terre.

Merci, mon Dieu, merci, sur cet âge viril
Puisque tu m'as fait voir écrit en traits de flamme :
Civilisation de l'esprit et de l'âme,
    Paix éternelle ; ainsi soit-il ! »


Ainsi donc il parla. — Sa voix faible et débile
Semblait participer et s'inspirer aux cieux,
Nulle fausse terreur, nuls spectres odieux
    Ne troublèrent sa mort tranquille.
Il mourut ! — Et le peuple et les rois l'ont pleuré,
Le ciel se réjouit, les élus lui sourirent,
Dieu l'assit à sa droite et les anges couvrirent
    De leurs ailes son front sacré.


                                                  1838.

## XI

> Et tes yeux sur mes yeux, et la main dans ma main
> Comptons par nos baisers les arbres du chemin.
> EMILE DESCHAMPS.

# SOUPIR DU CŒUR.

C'est une douce chose, alors que tout s'éveille,
D'admirer les enfans troupe jeune et vermeille
    S'ébattre dans leurs jeux,
De regarder, le soir, scintiller son étoile,
Et d'écouter son âme et de livrer sa voile
    Au souffle de ses vœux.

Mais plus doux me serait ton regard, ô mon âme,
Si quand je te demande un mot brûlant de flamme,
      Pleurant à tes genoux,
Tu me disais, levant ta paupière baissée,
Où, comme un pur rayon, ton âme est retracée :
      Ami, relevez-vous.


Est-ce ma faute à moi si vous êtes si belle,
Si tant de poésie en votre œil étincelle,
      Si mon cœur est charmé,
Pour me laisser languir sans air et sans lumière,
Et pour que le malheur d'une existence entière
      Soit dans ton nom aimé?


Et ne demande pas pourquoi je t'aime, ô femme,
C'est qu'à ton âme Dieu voulut unir mon âme
      Par un penser d'amour,
Et c'est que malgré soi l'on aime, ma charmante,
Le chant du rossignol et la fleur embaumante,
      La lumière du jour.

Sentir brûler son front et palpiter son âme,
Dire qu'on donnerait pour l'amour d'une femme
  Ses vingt ans radieux !
Et pour presser sa main, son honneur et sa vie,
Et pour baiser un jour sa bouche qu'on envie,
  Sa place dans les cieux !


Tendre frémissement de deux âmes pressées,
Délicieux collier de deux mains enlacées,
  Oh ! aimer, être aimé !
Et sentir sur son cœur un cœur qui se soulève,
Quel délire, ô mon Dieu ! quel délicieux rêve
  De mon cœur enflammé !


Et pour tout cet amour, nul regard d'espérance !
Oh ! riez, car pour vous il est dans la souffrance
  Un homme qui se tord !
Riez, — au lieu de joie, il n'a plus que le râle,
Riez bien, — chaque jour, car son front est plus pâle,
  Comme celui d'un mort.

Riez et voltigez, femme insensible et fière,
Je ne mêlerai plus mon ombre à ta lumière,
    Mon enfer à tes cieux.
Je ne te verrai plus, ô ma blanche vestale !
Je n'irai plus jeter mon ombre trop fatale
    Devant tes pas joyeux.


Et puisque mon amour te pèse et t'inquiète,
Dussé-je en l'étouffant faire éclore ma tête !
    Oui je l'étoufferai....
Mais seulement permets à cette âme blessée
De regarder encor, quand tu seras passée,
    Ton beau corps adoré.


Dites, si vous saviez combien, lorsque l'on aime,
Un seul mot, un sourire, un simple regard même
    Peut donner de bonheur,
Vous jetteriez parfois à mon âme enflammée
Seulement une fleur sur votre sein pâmée,
    Pour rafraîchir mon cœur.

Dites, vous laisseriez tomber dans ma nuit sombre,
Où ne croît nulle fleur, triste et vaste décombre,
  Un doux regard de feu.
C'est là tout mon espoir et toute mon envie,
Car vous êtes mon ange et l'astre de ma vie,
  Mon amour et mon Dieu !

# XII

*Vox rachel audita est in rama plorans filios
et noluit consolari quia non sunt.*
SAINTE BIBLE.

*à M. Antoni Deschamps.*

## DEUIL.

Un soir je m'égarais sur la rive du fleuve,
Je regardais le ciel noir comme une âme veuve,
Quand j'entendis soudain des cris sourds, accablans :
Couché sur une pierre un homme en cheveux blancs

Etait là tout couvert de haillons et de boue,

Deux longs fleuves de pleurs ruisselaient sur sa joue,
Il pressait sur son cœur un marbre avec efforts,
Comme pour ne plus faire et qu'une âme et qu'un corps.

« Suis-moi, lui dis-je, ô toi que la douleur dévore,
Ne courbe pas ton cœur sous le poids de tes maux.
Quel que soit ton tourment, espère, espère encore!
L'hiver le plus glacé ne voit-il pas éclore
  Le cygne argenté sur nos eaux? »

« Jeune homme, me dit-il, merci de ta prière,
Tu sens donc encor toi quelque chose d'humain.
Oh! donne-moi ta main, qu'en mes mains je la serre!
Merci, — toi seul as dit : pitié pour sa misère,
  M'as consolé sur le chemin.

Mon cœur n'est bientôt plus qu'une plaie ulcérée,
Car j'avais deux enfans! deux filles, ô mon Dieu!
Si pures qu'on eût dit que la vierge sacrée
Avait de son beau front, pour leur âme adorée,
  Détaché deux rayons de feu.

Une sourtout ! un ange ! — oh ! c'était là ma vie ,
Le diadême d'or de mon front triomphant,
C'était un laurier rose à ma porte fleurie !
Oh ! mon enfant ! — pitié ! — ma pauvre enfant chérie !
    Mon Dieu ! rendez-moi mon enfant !

Mais tout-à-l'heure encor je la voyais sourire ,
Elle me pressait là , m'enveloppait d'amour....
J'entends encor sa voix défaillante me dire :
Père , ne pleure pas, adieu père, j'expire !
    Je vois l'éclat d'un nouveau jour.

Elle est là, je lui parle, elle est là sous la pierre,
Un père et son enfant se comprennent toujours ;
C'est l'œil et le soleil, c'est le Christ et sa mère !
Dites, vous entendez la voix de votre père,
    N'est-ce pas , enfant , mes amours ?

Moi je fus riche aussi , fortuné sur la terre ,
Je m'étais endormi de plaisirs entouré ,
Mais un jour tout croula sous un vent délétère ,
Et quand je m'éveillai, la lave du cratère
    Brûlante avait tout dévoré.

Et j'avais tout perdu ! — de ma grandeur première
Nul débris ne restait pour mon enfant, hélas !
Pour ombrager son front rayonnant de lumière,
Au lieu de grands palais, je n'eus qu'une chaumière,
    Et que le travail de mes bras !

Quand je rentrais, le soir, las, après mon ouvrage,
Je la voyais courir vers moi dans le chemin,
Et quand pour essuyer son pauvre père en nage,
La douce créature alors sur mon visage
    Passait et repassait sa main ;

Oui parfois je croyais sentir l'aile de l'ange,
Que l'enfant voit passer dans ses songes heureux ;
Puis embrassant mon front que la tristesse change,
On eût dit que c'était une tendre mésange
    Chantant sous un ciel ténébreux.

J'aimais la voir, livrant ses cheveux au zéphire,
Et son âme à la joie et ses pas au coteau,
Au milieu de mes maux folâtrer et sourire,
Et croître chaque jour et plus belle reluire,
    Comme une fleur sur un tombeau.

Et pressant dans mes mains sa belle tête blonde,
Je disais : ô mon Dieu ! frappe mon cœur flétri !
Tu peux le torturer jusqu'à ce qu'il se fonde,
Et je remercierai ta puissance profonde,
    Et je n'aurai pas un seul cri.

Ouvre devant mes pas l'abîme de la tombe,
Mais, Dieu, laisse au désert le zéphir qui fraîchit,
Le gazon dans nos champs au malheureux qui tombe,
Les astres à la nuit, et ma douce colombe
    A cette tête qui blanchit !

Dieu ne m'entendit pas. — La fièvre meurtrière
Vint arrêter mon bras, son unique soutien.
Un jour, elle mouilla de larmes sa prière,
Et dit : je t'ai donné ma ressource dernière,
    Père, il ne nous reste plus rien !

Oh ! que n'ai-je brisé cette tête brûlante !
J'avais mangé le pain qui devait la nourrir.
Si j'étais mort, peut-être elle eût vécu brillante ;
Dites, pour conserver sa fille défaillante,
    N'est-il donc permis de mourir ?

Eperdu, hors de moi, je sors de ma demeure !
Les pleurs aux yeux, criant, ainsi qu'un insensé :
Du pain, car mon enfant meurt de faim à cette heure,
O mes amis ! du pain avant qu'elle se meure !
    Mais, hélas ! tous m'ont repoussé !...

Et moi je m'en revins le front livide et pâle,
N'ayant pu rien trouver pour assouvir sa faim,
Et je vis approcher bientôt l'heure fatale,
Tremblant, comme autrefois la coupable vestale
    Jetée au fond du souterrain.

Riche, si tu savais le bien que tu peux faire,
Comme un refus parfois peut rendre furieux....
Et ce qu'un faible don qu'on jette au pauvre père,
Peut donner de bonheur au cœur qui désespère,
    Tu le secourrais en tous lieux !

Mais tu ne sais pas toi, — car le sort te décore,
Car tu ne vois partout que fortuné destin, —
Ce que c'est, quand on n'a qu'une enfant qu'on adore,
Qui crie et qui se roule et que la faim dévore,
    De lui répondre : pas de pain !...

Je n'ensevelis point son corps au cimetière,
Nous avons déposé sa cendre près de nous :
Je lui creusai sa fosse auprès de ma chaumière,
Pas de nom sur sa tombe !... on n'y voit qu'une pierre
  Qu'ont usée enfin mes genoux.

Vous voyez bien, monsieur, que je ne puis vous suivre,
Est-ce qu'on quitte ainsi la tombe d'un enfant ?
J'y viendrai tant que Dieu m'ordonnera de vivre,
Car son ombre parfois du tombeau se délivre,
  Et, le soir, passe en m'échauffant.

Je ne sais quelle main pieuse et bienfaisante
Me jette de quoi vivre ici pour mon retour ;
Mais quand elle oubliera cette âme gémissante,
Alors je bénirai la volonté puissante,
  J'aurai vécu mon dernier jour !

Il dit, — et moi pensif je gagnai ma demeure,
Méditant sur les coups de ce sort qui nous leurre,
Et, comme on voit le flot par le vaisseau poussé
Frémir longtemps encore après qu'il a passé,

Ainsi longtemps après ces paroles amères,
Mon cœur vibrait encor d'effroi pour ces misères.

1837.

# XIII

*A M. Emile Souvestre.*

# DOUTE.

※

J'aime, au tomber du jour, les bois épais et sombres,
Quand Octobre mourant les prive de leurs ombres,
J'aime les bois ; un arbre au choc des vents plié,
Une feuille qui tombe et se plaint sous mon pié,
Une nature en deuil font plus rêver mon âme
Que les plus beaux palais et que l'œil d'une femme.

Comme le vent d'hiver que l'on entend frémir,
Mon cœur ne sait jamais que se plaindre et gémir.
Un ciel pur et serein me semble une ironie !
C'est que l'homme ne boit que douleurs dans la vie ;
Et si vous demandez aux fleuves, aux ruisseaux
Où le courant rapide emporte ainsi leurs eaux,
Ils diront qu'à la mer le torrent les emmène.
Mais l'homme ne sait pas où le destin l'entraîne ;
Et de quelque côté qu'il tourne ses regards,
Il ne voit devant lui que ténébreux brouillards.


Ainsi qu'un roi qui craint de se faire connaître,
Dieu se cachant à nous n'a point voulu paraître ;
Et semblable à l'avare assis sur son trésor
Qui ferme le chemin qui conduit à son or,
Oui parfois l'on dirait, quand la douleur nous plie,
A voir tous les travers dont notre âme est remplie,
Que le Seigneur se plaît à fermer au mortel,
Par d'épineux buissons, le chemin de son ciel ;
Et que son œil se plaît de son séjour suprême,
A voir l'homme souffrant se combattre lui-même.

Car il allume en nous le feu des passions,
Puis il veut dans nos cœurs que nous le comprimions;
Il nous donne des yeux pour qu'on les ouvre à peine,
Il donne la raison, mais c'est pour qu'on l'enchaîne,
Et quand dans sa démence, il s'élève pour voir,
L'homme éperdu se trouble et lâche tout espoir.
Ainsi le somnambule abandonnant sa couche
Traverse sans malheur l'abîme qui le touche,
Mais lorsque s'éveillant soudain il ouvre l'œil,
Il frissonne, il frémit et roule dans l'écueil.


La vie est un combat;—le combat fait la gloire!
Marchons sans murmurer, au bout est la victoire!
Car le Seigneur n'est pas un Dieu plein de courroux,
Ceux qui l'ont fait ainsi le jugeaient d'après nous.
Vous qui toujours l'armez de terribles paroles,
Rappelez-vous plutôt ces belles paraboles,
Où le Christ se compare à ce tendre pasteur
Qui n'a pour ses brebis que de l'amour au cœur.
Que j'aime le Seigneur, quand de sa voix divine
Il appelait à lui l'enfant de la colline!

Souvent j'ai dit : enfants, que n'étais-je un de vous?
Oui, j'eusse été jouer sur ses divins genoux.
Oh! comme j'eusse offert avec délire et joie
Mes lèvres à ce front que la lumière noie !
Comme j'eusse baisé les plis de son manteau,
Sous ses pieds triomphans effeuillé le rameau !
Et me laissant aller à sa trace suivie,
J'eusse aspiré joyeux la parole de vie.
Comment à cette voix eussé-je résisté,
Moi qui ne cherche, ô Dieu, qu'à voir la vérité?

S'il était peu d'élus, en quittant cet abîme,
Qui dussent assister à ton banquet sublime,
Aurais-tu donc semé, comme en nos champs les grains,
Sur tout le globe ainsi les malheureux humains ?
Pourquoi les animer, pourquoi les faire naître,
Si tu savais déjà, que pour la plupart, l'être
Les plongerait un jour dans le gouffre béant,
Que ne les laissais-tu jouir de leur néant?

Mais non, l'aigle naquit pour fixer le feu même,
L'homme pour contempler un jour l'être suprême.

Et la paix et l'amour, le bonheur tant rêvé
Ne ruissellent sur lui que quand il l'a trouvé.
Mais comme le soleil embrâse la paupière
De l'aigle quand il veut contempler sa lumière,
Ainsi Dieu quand mon cœur veut s'élever à lui,
Obscurcit aussitôt l'astre qui m'avait lui.
Et je ne vois plus rien, je flotte, je m'égare,
Les cieux sont sans rayons et l'océan sans phare.
Je ne sais où je vais... oh! mon Dieu, prends pitié
Des tourmens de ce cœur qui longtemps t'a prié.
Enfin on tend la main au naufragé qui sombre.
Envoie une lueur à ma pauvre âme sombre.


Oh! pourquoi ta main jetait-elle des cieux
L'esprit intelligent qui brille dans nos yeux,
Si dans toute matière importante à connaître,
Si quand l'âme s'élève et se perd dans ton être,
Au lieu d'épandre en nous la foi pour t'adorer,
Il ne devait servir rien qu'à nous égarer?
Sysiphe doit toujours rouler en vain sa roche,
L'homme doit voir toujours fuir le but qu'il approche

Dieu prenant en pitié nos vices, nos malheurs,
S'est efforcé souvent de guérir nos douleurs.
Mais il est vrai qu'à voir les vices de notre âge,
On dirait qu'il n'a su réparer son ouvrage.
Un jour, dans sa rigueur, il perdit l'univers,
Et fit renaître ensuite un monde aussi pervers.
Bientôt dans sa bonté victime obéissante,
Il vint tendre aux bourreaux une tête innocente,
Et ce sang ne fait plus refleurir de vertus.
Socrate trouverait encor des Anytus.

Mon Dieu, tout est mystère! et l'homme s'humilie,
Est-ce à nous de sonder ta puissance accomplie?
Et puis qui peut savoir tout ce que les destins
Apportent dans leurs flancs de bonheur aux humains?
Car voilà deux mille ans, la terre était troublée,
Et flottait au hasard sur ses gonds ébranlée.
Les mondes gémissaient sous le poids de leurs maux,
La voix du rédempteur les arrache au chaos.
Et maintenant qu'on sent s'agiter cette terre,
De même qu'un volcan au bouillonnant cratère,

Peut-être nous aurons un sauveur, nous aussi,

Qui fera luire encor l'évangile obscurci.

De la nuit naît le jour, de la mort naît la vie,

La croyance naîtra de la terre asservie.

Oh ! la foi, c'est l'encens le plus délicieux

Que la divinité laissa tomber des cieux,

La plus douce oasis où reposer sa vie,

Où dans la paix s'abrite une âme poursuivie,

Comme sous son feuillage un pauvre oiseau tremblant,

Comme un front virginal pur sous un voile blanc.

Car la vertu nous fait ressembler à Dieu même,

Oui, c'est l'hymen de l'âme avec l'être suprême!

Comme une jeune enfant qui se baigne au lavoir,

Le cœur que son flot noie est pur comme un miroir.

L'ouvrier dans nos champs courbé vers la poussière

Découvrant son front nu pour faire sa prière,

La cloche qui gémit avec ses sons touchans,

L'hymne sacré qu'au loin on entend dans les champs,

Eveillant dans mon cœur une divine flamme

Ont souvent fait vibrer le clavier de mon âme,

Comme un tendre soupir, un souffle harmonieux,
En accords enchanteurs, en sons mélodieux.


Nous avons près de nous la foi cet œil de l'âme
Inondant de clarté celui qui le réclame,
Mais aveuglés, brûlés du feu des passions
Nous ne savons jamais recueillir ses rayons.
Aussi notre élément ici c'est la tristesse !
Le ciel sourit, l'oiseau sait un chant d'allégresse,
Mais sur tous nos bonheurs tombe le sort fatal,
Comme du sang impur sur un collier de bal.


Aussi je dis : mon Dieu, que ne prends-tu mon âme ?
Que ne la ravis-tu sur tes ailes de flamme,
Eperdue, en extase, au sein de ton amour,
Loin du triste dégoût de ce maudit séjour ?
De même qu'en croissant l'arbre brise le lierre
Que je voudrais briser ce corps fait de poussière,
Et dépouillant soudain ce vêtement charnel
Jeter mon âme nue aux pieds de l'Eternel !

Oh ! la vie est trop longue, et cette chrysalide
Nous foule trop longtemps sous son écorce aride !
Quand pourrai-je m'unir aux élus radieux,
Emporter aussi moi mon essor dans les cieux ?

J'ai vu l'astre du jour qui lance la lumière
Absorber en son sein la vapeur de la terre ;
Et j'ai dit : je ne suis qu'une faible vapeur,
Dans tes rayons divins absorbe-moi, Seigneur.

1837.

## XIV

> Mais je voudrais être miroir
> Afin que toujours tu me visses;
> Chemise je voudrais me voir
> Afin que souvent tu me prisses.
> RONSARD.

# BLUETTE.

Si j'étais l'oiseau qui chante,
Le rossignol aux sons touchants,
J'aimerais, ô ma bien charmante !
Souvent abandonnant les champs,
Voler au haut de la tourelle
Où ton corps aux regards se cèle,
Et là, comme un amant fidèle,
Te bercer la nuit de mes chants.

Si j'étais la Demoiselle
Au vert corselet diapré,
Qui d'émeraudes étincelle
Et reluit au soleil doré,
Sous tes ombrages de charmille,
Quand tu folâtres, jeune fille,
J'irais jouer sur ta mantille,
Et sur ton beau col adoré.

Si j'étais bleuet ou rose,
Je dirais : zéphir gracieux,
Oh ! prends ma tige à peine éclose !
Et porte-la devant ses yeux ;
Charme toujours ma bien-aimée
De ton haleine parfumée,
Et fais-lui sa voie embaumée,
Comme un autel aimé des cieux.

Si j'étais l'astre qui brille
Et s'allume au ciel, chaque soir,
Sur ta couche de jeune fille
Je m'inclinerais pour te voir,

Et de ma lumière d'opale,
Je caresserais ton front pâle,
O ma blanche et pure vestale !
Et les longs cils de ton œil noir.

Si j'étais ange, ô ma belle !
L'ange qui veille près de toi,
Je te porterais sur mon aile
Dans tout chemin semé d'effroi ;
Et puis, dès que ton cœur sublime
Serait lassé de cet abîme,
J'irais à la céleste cîme
Emportant ton âme avec moi.

Si j'étais roi, ma madone,
Et tout mon or et mes colliers,
Et les rubis de ma couronne,
Et mes vastes états entiers,
Mes palais embaumés de myrrhe,
Et mon beau trône de porphyre,
Et la gloire même et son délire,
Je les jetterais à tes pieds.

Je ne suis point, jeune fille,
Le rossignol aimé de tous,
La Demoiselle qui scintille,
Ni la lune à l'éclat si doux.
Je n'ai point de beau diadême,
Je ne suis point l'ange suprême,
Mais je suis un homme qui t'aime
Et qui t'adore à deux genoux.

# XV

*A M. le Marquis de Foudras.*

# XV

> Un homme s'est rencontré.
> BOSSUET.
>
> Le premier qui fut roi, fut un soldat heureux.
> VOLTAIRE.

## NAPOLEON.

### I

Il vient des temps où Dieu lassé de voir le monde
Immobile croupir dans son ornière immonde,
Dit à son ange : va vers ces pauvres humains,
Et conduis-les, mon ange, en de nouveaux chemins,

— Seigneur, il sera fait selon votre parole »
Dit l'ange ; et s'abaissant vers la terre il s'envole,
Et pour ses grands desseins, crée un de ces héros
Qu'on voit de loin en loin, ainsi que des fanaux,
Eclairer de l'éclat de leurs brillants visages
Tant de siècles tombés dans l'océan des âges.

Tels furent Charlemagne, ou bien Grégoire sept,
Mahomet, Richelieu, le sceptique Arouet ;
Tel fut Napoléon gigantesque figure
Qui projette son ombre à l'Europe future,
Si bien qu'en arrivant à son règne aujourd'hui,
Etonné l'on s'arrête, en s'écriant : c'est lui !

Empereur du Midi, de France et d'Allemagne,
Plus grand que Charles-Quint, plus grand que Charlemagne,
— Ces piliers sociaux sur le granit posés
Dont le sublime front, aux deux bouts opposés,
Soutient si puissamment le dais du moyen âge, —
Napoléon paraît couronner leur ouvrage ;
Et debout appuyé sur ces moitiés de dieu,
Il brille au-dessus d'eux, ainsi qu'un globe en feu.

II

Vaisseau désemparé sans pilote et sans voiles,
Au milieu d'une nuit froide et veuve d'étoiles,
La France naviguait sur une mer de sang ;
Et chacun à son bord était là frémissant,
Car d'instants en instants, la houle enflait son onde
Et balayait le pont de sa vague profonde.

On n'apercevait plus partout que des débris !
Que des larmes, du sang, des cadavres meurtris !
C'était hideux de voir tous ces hommes livides
Se déchirer entre eux avec des dents avides,
Puis renversant le Christ de son antique croix
Sceller sa tombe avec des cadavres de rois.

Spartacus étreignait la France pâle et blême.
Tous étaient rois alors excepté le roi même !
Et le monstre anarchique horrible et rugissant
S'inondait, chaque jour, d'une douche de sang....
Andromède tremblait au rocher enlacée
N'attendant de secours que d'un nouveau Persée,
Quand un homme apparut qui presque sans combat
Brisa ses fers avec un sabre de soldat.
Il replongea le monstre au fond de sa tannière,
Et chacun adora cet astre de lumière.


Il transforme en laurier un chêne tout sanglant,
Un poignard assassin en glaive étincelant,
Du temple abandonné rouvre l'auguste enceinte,
Et Sion libre enfin exhala sa voix sainte.
Il dit : que l'ordre soit, l'ordre partout régna.
Comme le grand Moïse, au sommet du Sina,
Dictait ses lois aux Juifs au milieu de la foudre,
Il promulgait ses lois dans les feux de la poudre.
Puis relevant du bout de son glaive guerrier
La couronne abattue, il voulut l'essayer ;

Et comme elle allait bien à cette tête altière,
Il dit : c'est bien ainsi, courons à la frontière.
Marius et Sylla laissant là leurs débats
S'unirent tous les deux pour suivre ses combats.

Le sceau divin semblait luire au front de cet homme :
A l'autre bout du siècle, on dit que le fantôme
Du roi Louis le grand sortit de son tombeau
Pour lui serrer la main et lui crier : c'est beau !
Ils étaient en effet nés pour se reconnaître,
Ces conquérans fameux que le destin fit naître
Aux deux bouts de ce siècle, ainsi que deux hauts monts
Que sépare un marais plein de fangeux limons.

## III

Plus grand que les Titans enfantés par la terre,
Le géant pour sa couche avait un hémisphère.
Et pendant qu'à Moscow sa tête s'appuyait,
L'antique Escurial sous ses talons ployait.
Ses bras faisaient au monde une large ceinture,
Et quand un peuple osait élever un murmure,
Il abaissait sur lui son talon de géant,
Et voilà qu'aussitôt tout rentrait au néant.

L'Europe haletait par ce poids ébranlée !
L'humanité parut mise en coupe réglée.
Et l'aigle agitait seul sa grande aile dans l'air,
Et le feu de ses yeux brûlait comme un éclair.

Son bec au front des rois prenait le diadême,
Et sur une autre tête il l'enfonçait lui-même.
Enfin, se confiant en aveugle à son sort,
L'aigle superbe au pôle emporta son essor,
Jusqu'à ce qu'ayant froid dans la zône glacée,
En passant l'onde, un jour, son aile fut blessée.
Et depuis lors, hélas ! il ne put pas voler !
Pourtant son bec encor faisait tout reculer.
Trois ans, il fut forcé de se traîner à terre,
De son aile saignante il teignait la poussière ;
Enfin un léopard le voyant aux abois
Sauta dessus en lâche, et pour tuer sa voix
L'étreignit dans sa gueule et sa griffe irritée ;
Et puis sur un rocher Dieu cloua Prométhée !


En ces jours, un vieillard en entendant le bruit
Que faisait en tombant ce colosse détruit,
Dit : le monde à jamais brise son cimeterre,
Le dernier cri guerrier a retenti sur terre.
Napoléon mourant sur un roc écarté,
C'est la guerre qui meurt, un système emporté.

## 134

La bombe qui longtemps incendia le monde
Avec lui va rouler et s'éteindre dans l'onde.
Et choqué par le fer le globe étiolé
Ne rendra qu'un son creux, comme un vase fêlé.
Au lieu d'arcs triomphaux sculptés par la victoire,
Une presse, un pavé domineront l'histoire.

## IV

Héros, tes derniers vœux ne seront pas trahis :
La dépouille d'Hector est rendue au pays.
Mais quand tu reviendras dans ces lieux, ton fantôme
Ne reconnaîtra plus ton illustre royaume.
Que de pleurs, en voyant ce lourd sommeil de mort,
Où depuis ton départ ton Europe s'endort !
Tes splendides palais, on en fait des boutiques
Où l'on vend à l'encan les succès politiques ;
Ton drapeau tout couvert du sang de l'étranger
Dans le sang des Français ne sait plus que plonger.
Au lieu de conquérir Madrid ou l'Allemagne,
On mitraille Paris, l'on saigne la Bretagne ;
Ton chapeau glorieux est trop grand pour leur front !
Où tu gravais la gloire, ils ont écrit l'affront !

Ton char triomphateur rayonnant de lumière,
Où s'attelaient les rois courbés vers la poussière,
Se remplace aujourd'hui par de débiles chars
Traînés honteusement par de honteux mouchards ;
Ton aigle qui planait sur l'aire Européenne,
Ils en ont fait un coq qui lentement se traîne !
Ta couronne si riche est un bandeau mesquin,
Malheur ! Philippe deux remplace Charles-Quint......


C'était un glaive aigu qui te servait de plume,
Ton encre était pour toi le sang bouillant qui fume,
Tes tablettes enfin, c'étaient les champs poudreux,
C'est là que s'imprimaient tous tes combats heureux.
Et, plus tôt que ceux-ci n'ont fait un protocole,
Toi, tu vainquais l'Autriche et tu gagnais Arcole.
Aussi tu te levais et l'on battait des mains,
Mais on siffle aujourd'hui ces acrobates nains
Toujours tremblant de peur, marchant en équilibre
Sur ce fil agité qu'on nomme un peuple libre.

## V

Dors, ô grand empereur, près de tes vieux soldats,
A l'ombre des drapeaux ravis dans les combats.
Le vaisseau qui nous rend ta poussière opportune
Nous rapporte avec toi César et sa fortune.
Et si les étrangers lassés de leur repos
Venaient pour nous ravir nos glorieux drapeaux,
Ton ombre surgirait encor pour nous défendre,
Il suffirait alors de leur montrer ta cendre,
Et tous fuiraient bientôt ; — ils croiraient voir soudain
Briller l'arme de l'ange aux portes de l'Eden.

1840.

# XVI

> Je pleure, je me deuls, je suis plein de martyre,
> Je fais mille sonnets, je me romps le cerveau.
> Et ne suis point aimé.
>
> RONSARD.

## A MADAME ***

Oh! quand vous paraissez dans la salle de bal
Avec votre front pur et votre œil idéal,
    Votre col plus blanc que l'albâtre,
Chacun regarde, admire et dit: voici le jour,
Voici le doux rayon qui fait rêver d'amour,
    Voici la fleur qu'on idolâtre.

Mais, blanche jeune femme, il est cruel à vous
De nous ravir ainsi d'un sourire si doux,
  De nous éblouir de vos charmes ;
Car lorsqu'on vous a vue, et qu'on a vingt-deux ans,
On ne résiste pas à vos traits séduisans,
  Et l'on verse bientôt des larmes.


Madame, il faut avoir pitié des malheureux,
Il ne faut pas ainsi nous faire voir les cieux,
  Quand votre regard étincelle ;
Car lorsque vous partez, que vous n'êtes plus là,
Comme le jeune enfant dont l'ange s'envola,
  Mon cœur vous cherche et vous appelle.


Soyez donc à nos yeux moins belle désormais,
Ou, comme un pèlerin perdu dans les forêts,
  Ne laissez pas errer mon âme.
Ainsi qu'il faut la brise au soir pour l'enchanter,
Le rameau verdoyant à l'oiseau pour chanter,
  Il faut à l'homme un cœur de femme.

Mais lorsque j'ai marché dans ce val infécond,
Nulle bouche ne vient vivifier mon front
    De son haleine parfumée,
Et quand mon triste cœur se prend à soupirer,
Errant je n'entends point près de moi murmurer
    De douces voix sous la ramée.


Quand je vous dis : amour, vous dites, insensé,
L'amour songe trompeur qui bientôt a passé,
    Comme dans les airs un nuage !
Non, — aimez-moi, Madame, et mon sincère amour
Ne se flétrira point, comme la fleur d'un jour
    Au moindre souffle de l'orage.


Que m'importent à moi les nuages des cieux,
Rideaux d'or et d'argent qui cachent à nos yeux
    La demeure de la lumière?
Que me fait le lever, le coucher du soleil,
Et la brise du soir et le matin vermeil,
    Que m'importe la terre entière ?

Si vous n'êtes enfin l'Ariel, qu'ici-bas
Les cieux m'ont envoyé pour conduire mes pas,
  Sous la figure d'une femme ;
Si vous ne me donnez vos ailes pour errer,
Comme un baume enchanteur, votre âme à respirer,
  Si vous ne brûlez de ma flamme.


Mais vous serez, Madame, à mon cœur contristé,
Ce qu'après le soleil une brume d'été
  Est à l'herbe morte et flétrie ;
A la félicité mon âme renaîtra,
Et lorsque le passant rêveur demandera :
  Pourquoi la plante est refleurie ?


Dans mon ciel, répondrai-je, un astre luit encor,
A mon manteau troué brille une frange d'or,
  A mon printemps une couronne.
Une femme a rendu mon avenir doré,
Embelli mon chemin d'épines entouré ;
  J'ai mon bel ange, ma madone.

# XVII

*A M. le vicomte Walsh.*

## XVII

> Ce n'est point l'usage du pouvoir ou l'habitude de l'obéissance qui déprave les hommes, c'est l'usage d'une puissance qu'ils considèrent comme illégitime, et l'obéissance à un pouvoir qu'ils regardent comme usurpateur et oppresseur.
>
> A. DE TOCQUEVILLE (*Dem. en Amér.* ch. XIII.)

# LE PEUPLE.

Il est, il est ici, — vous l'avez vu sans doute,
    Un bien monstrueux animal,
Qu'on fuit quand on l'entend et que chacun redoute,
    Car il tient beaucoup du cheval;

Non de ce beau coursier que le bois de Boulogne
    Nous montre, le soir, folâtrant,
Mais de cet indomptable étalon de Pologne
    Qui traînait Mazeppa mourant.

On l'appelle le peuple... — Et je n'entends pas dire
    Ce peuple bienfaisant et doux,
Qui suant, tout le jour, son travail sans maudire,
    Le soir, va prier à genoux ;
Mais ces hommes plutôt hagards, haîueux, avides,
    Couverts de fange et de bouillons,
Que l'enfer nous vomit de leurs bauges livides,
    Au jour des révolutions.

Pétrône en sa satire et Sade en son ivresse
    Charment leurs esprits destructeurs,
Ils aiment en sortant de la bonne déesse
    Le cirque des gladiateurs.
Le temps n'amollit point leurs cruels cœurs de pierre ;
    Adorant les mêmes héros,
Voilà douze ans à peine, ils vantaient Robespierre,
    Quand ils pouvaient montrer leurs crocs.

Allons, la fusillade ! allons, que le bras frappe !
Du fer ! aiguisez vos couteaux,
La corde, la torture et la fatale trappe !
Vous aurez du travail, bourreaux.
Prenez d'autres valets, votre main serait lasse.
Grande tuerie à la cité !
Or savez-vous pourquoi ? C'est que la populace
S'accouple avec la liberté !

Ainsi que Polyphème, elle a pour sceptre un chêne,
Pour casque un bonnet phrygien.
C'est elle qui des rois faisant tomber la chaîne,
Nous étreint d'un plus dur lien,
Qu'on voit devant le peuple aller faire la roue,
Comme un paon au manteau brillant,
Effrontée attirer les passants sur sa joue,
Pour les leurrer d'espoir riant.

Ah ! le peuple ! son corps dans sa triste misère
Est couvert d'un sale haillon,
De pustules parfois et de hideuse ulcère
Et tombe en putréfaction.

Eh ! bien, je vous le dis, quand on plonge en son âme,
        C'est encore plus odieux.
Car on n'y trouve, hélas ! non plus que lèpre infâme,
        Que la haine de l'envieux.

Et c'est pourquoi j'ai dit : je veux sur cette plaie
        Qui suppure à nos flancs ouverts,
Pour la cautériser, passer comme une craie,
        La pierre infernale du vers.
J'ai dit : je veux dresser, ainsi que des potences,
        De hardis vers alexandrins,
Pour écrire dessus les infâmes sentences
        De vos odieux sanhédrins.

Vrai Cerbère acharné hurlant à triple gueule
        Contre ces débarqués nouveaux,
Mon vers a la parole acerbe et peu bégueule
        Déchirant l'or de vos manteaux,
Dévoilera vos cœurs que l'avidité rouille,
        Vos discours mensongers et faux,
Et le peuple joué qu'on pille et qu'on dépouille,
        Et vos croix prises aux ruisseaux.

Depuis assez longtemps, on nous ouvre le ventre,
Au vain nom de la liberté !
Depuis assez longtemps, le peuple dans son antre
Lèche un poignard ensanglanté !
Et vous voulez encore une fois qu'on essaie
De votre plan ambitieux,
Quand il nous faut marquer de la fatale craie
Votre avènement en tous lieux ?

Ah ! Gracches d'aujourd'hui, vous admirez peut-être
Comment mon vers libre en son tour
N'adore pas aussi votre féroce maître,
Ce peuple l'idole du jour;
Et qu'éloigné de vous, jamais je ne déclame
Contre les grands pour les petits,
Parlant aux passions, bêtes fauves de l'âme,
Et soulevant leurs appétits ?

C'est que je ne crains pas que le peuple en délire
Oublie en aucun temps ses droits,
Et je me ris de voir tous ces insensés dire :
Oh ! moi je n'aime pas les rois !

Et pourquoi? savez-vous que toute notre histoire
  Et ses feuillets les plus brillants,
Que le sol agrandi, ses libertés, sa gloire,
  Ne sont dus qu'à ces rois vaillants?

Le peuple, c'est Marcel, lorsque la France pleure,
  Soulevant les Parisiens;
Plus tard sous Charles six, à notre dernière heure,
  Caboche et ses Cabochiens;
C'est la Grande-Bretagne et sa guerre intestine,
  Et ses feuillets de sang empreints;
C'est la vieille Pologne enfin qui s'assassine,
  Et que partagent ses voisins!

C'est l'Allemagne en flamme et les anabaptistes
  Tuant la population;
C'est Venise et les dix, les Génois anarchistes
  En guerre à chaque élection;
C'est la ligue et la fronde épandant de la braise
  Sur notre route à pleine main;
C'est un sombre fantôme, oh! c'est quatre-vingt-treize!
  De corps morts barrant le chemin...

Les rois, c'est un Moïse au sein des girandoles,
  Ou César calmant l'univers ;
Le peuple, c'est le Juif adorant les idoles,
  Marius mettant Rome aux fers ;
Les rois, les rois enfin, c'est Charlemagne en France,
  Louis quatorze et sa fierté,
Vastes fronts que l'on voit rayonner de puissance,
  Aux deux bouts de la royauté.

Sur cette pauvre terre errante et ballotée,
  Abaisssez vos yeux, mes grands rois ;
Oh ! votre royauté vous l'avez emportée,
  Ainsi qu'Alexandre autrefois.
Après Louis le Grand dont le pouvoir nous sauve,
  Comme après Charles l'empereur,
Nous avons eu Louis le bègue et Charles chauve,
  Et puis Hugues l'usurpateur.

La race de Capet meurt sous la bourgeoisie,
  Comme les enfans des Pépins
Ont vu crouler jadis leur couronne moisie,
  Au souffle des nobles mutins.

Dieu la sauvera-t-il de l'ardente fournaise,
    Comme les trois enfants hébreux,
Fera-t-il reposer la couronne française
    Au mont Ararat près des cieux ?

Oui. — Vous voudrez en vain couler en bas cette arche
    Comme Hildebrand, plier les rois,
Écrire : roi des Juifs, sur leur royale marche,
    Comme sur la divine croix.
Parez-les de roseaux ainsi qu'une hécatombe.
    Le roseau bientôt tombera,
Placez vos légions à l'entour de sa tombe,
    La royauté resurgira.

1838.

## XVIII

> Oh! l'Amour d'une Mère!
> *(Feuilles d'Automne).*

A MON AMI

*Le C<sup>te</sup> Roger de la Bourdonnaye.*

# LA PAUVRE MÈRE.

Vous n'avez jamais vu la fille des montagnes,
La jeune et blonde Iselle avec ses beaux yeux bleus,
Si gaie et si folâtre, autour de ses compagnes
Quand elle allait cueillir des fleurs dans les campagnes,
 Pour parer ses cheveux.

Femmes, vous n'avez point les cheveux d'or d'Iselle,
Vous ne souriez point comme elle souriait;
Oh! vous n'êtes pas belle autant qu'elle était belle,
Votre sein ne bat point sous la blanche dentelle,
    Comme son sein battait.

Or, elle était ainsi la douce jeune femme,
Que l'abeille prenait sa lèvre pour la fleur,
Et qu'en voyant son œil aussi pur que la flamme,
L'on se disait partout : de la vierge c'est l'âme,
    Son enfant sur son cœur.

Car elle avait toujours son Edmond avec elle,
Enfant encor tout rose, aux blonds cheveux soyeux,
Dont chaque soir le front s'offre aux baisers d'Iselle,
Pendant qu'un ange prend son âme sur son aile
    Et la reporte aux cieux.

Or, un jour on la vit bien loin de sa chaumine,
Cueillant pour son Edmond les boutons embaumans,

Et le couvrant de fleurs dans son humeur badine ;
Ensemble ils se jouaient heureux sur la colline,
  Les deux êtres charmans.


Soudain la jeune femme entendit ce bruit d'ailes
Dont chaque battement sur ce funeste mont,
Fait vibrer de terreur les fibres maternelles ;
Hélas ! devant ses yeux l'aigle aux serres cruelles
  Fondait sur son Edmond.


Et rien, rien auprès d'eux qui les puisse défendre !
Oh ! point de ces chamois dont la corne est d'airain,
De ces bergers hardis forçant l'aigle de rendre
La brebis qu'en son bec il vient déjà de prendre
  Pour son royal festin.


Oh ! non rien !... — car ce mont était trop solitaire,
En vain, comme en nos champs la liane à l'ormeau,
L'enfant se suspendait, s'attachait à sa mère,
L'aigle le saisissant l'emporte dans son aire,
  Pauvre enfant du tombeau !

C'est que tu ne sais pas, aigle à la course altière,
Qu'il faut craindre parfois de disputer son fils
A l'amour maternel, quand il n'a sur la terre,
Dans un sombre avenir, qu'un enfant qui l'éclaire,
  Regard du paradis.


Iselle prend un dard, et tremblante l'envoie
Contre le ravisseur planant au haut du mont.
L'aigle tombe blessé, son bec lâche sa proie,
Et la mère riant de bonheur et de joie
  Court presser son Edmond.


« Vivant ! a-t-elle dit, ta mère enfin t'embrasse,
Oh ! Dieu ne pouvait pas sitôt briser ton sort.
Un enfant, c'est sacré, l'aigle lui fait sa grâce,
Mais souris donc, enfant, Dieu ! ta joue est de glace ! »
  Elle pressait un mort !


Elle pleura son fils longtemps, la pauvre femme,
C'est qu'ici-bas c'était son unique rayon,

Et rien qu'à voir son œil que le bonheur enflamme,
Heureuse elle riait, car c'était de son âme
   La respiration.


Car sans son cher enfant, c'est pitié qu'une mère,
Plante veuve de fleurs, de fruits délicieux,
Pauvre exilé perdu sur la terre étrangère,
Etoile de la nuit qui n'a pas d'onde claire
   Où mirer ses beaux yeux.


« Mais sans toi, disait-elle, oh! que sera la vie?
Car toi seul ici-bas faisais tous mes jours beaux.
J'avais cueilli pour toi cette plante fleurie,
Mais du ciel la lumière est à jamais flétrie
   Pour mes yeux tes bourreaux! »


Tous les jours elle allait sur la tombe cruelle,
Mais un soir plus longtemps Iselle y demeura:
Le froid de ce tombeau glaça son corps si frêle,
Et le pasteur bientôt dit: prions pour Iselle
   Que Dieu nous retira.

Et moi, j'ai voyagé sur ce lointain parage,
Là, j'ai vu deux cyprès étendant leurs rameaux.
Je m'assis sur le marbre où dormait leur ombrage,
Et mes yeux, en lisant ce funeste naufrage,
>   Ont mouillé ces tombeaux.


                                1830.

# XIX

# FADAISE.

◇

J'ai tant prié le ciel, prié la Vierge sainte,
    Pleurant à deux genoux,
Que de l'arbre de vie on me donna l'absinthe,
    A toi les fruits plus doux ;

Qu'elle a dit à son fils : fais briller sur cette âme,
    Un rayon de soleil.
Et Dieu sur mes douleurs répandant le dictame,
    T'envoie à mon réveil.

Maintenant que l'orage et la tempête gronde,
  Je brave ses fureurs !
Dis ? que nous fait la voix de la terre et de l'onde ?
  N'avons-nous pas nos cœurs ?


D'autres cherchent la gloire et tourmentent leur âme,
  Laissons ces fous courir.
Nous, unissons nos cœurs dans un baiser de flamme,
  Puis nous pourrons mourir.


Car mon âme, vois-tu, comme une sœur jumelle,
  A compris tous tes vœux,
Nos cœurs sont les deux parts d'un serpent qu'on morcelle,
  Et qui rejoint ses nœuds.


Aimons-nous, aimons-nous, ô ma douce lumière,
  Dieu se plut à former
Nos yeux pour le soleil, l'âme pour la prière,
  Et nos cœurs pour aimer.

Car le cœur sans amour, c'est un soir sans zéphire,
Un autel sans encens,
C'est un lac sans azur, c'est une belle lyre
Mais qui n'a pas d'accens.


Chacun a son bon ange en cette vie amère
Qui veille sur ses jours ;
Le marin a la Vierge et l'enfant a sa mère,
Et moi j'ai mes amours.


Il ne tombe jamais de l'ange qui s'envole
Que des plumes d'argent,
Que des parfums des fleurs, qu'une douce parole
De ton cœur indulgent.


J'aime à te contempler ! — De ton front, ô ma belle,
Emane un si doux feu,
Que je comprends déjà cette extase éternelle
Des élus devant Dieu.

# XX

*Au rossignol muet tout semblable je suis
Que maintenant un vers dégoiser je ne puis.*
            RONSARD.

*À André Delrieu.*

# DERNIER CHANT.

Quand le coursier ardent lancé dans la carrière

Sent ses jambes plier, son haleine tarir,

En vain voit-il le but à travers la poussière,

    Il renonce à courir.

Ainsi quand je voulus voler à la lumière,
Je me sentis faillir dans ce haut horizon,
Et mon luth en tombant s'est brisé sur la pierre,
    Et n'a plus eu de son.


Je ne chanterai plus ! — Un ravissant délire
Ne fera plus vibrer les cordes sous mes doigts :
J'ai replié la voile où nul charmant zéphyre
    Ne vint souffler parfois.


Point de joie en mes jours, point d'orage qui tonne !
Toujours les mêmes cieux et les mêmes regards !
Oh ! ma vie ici-bas est aussi monotone
    Que celle des vieillards !


Personne ne m'a dit : pauvre enfant en délire,
Viens vider avec moi la coupe du bonheur,
Et j'aurai désormais de doux chants pour ta lyre,
    Une âme pour ton cœur.

J'ai vu partout des gens ne sachant que maudire,
On leur montrait le ciel, ils vous ouvraient l'enfer !
Et passaient sur la borne où la misère expire,
    Avec un rire amer !


Au front des rois j'ai vu se flétrir les couronnes,
Les peuples se câbrant tout-à-coup se lever,
Comme un coursier rétif, renverser tous les trônes,
    Et leurs maux s'aggraver !


Et j'ai compris alors dans ma douleur amère,
Qu'il n'est point ici-bas d'harmonieuses voix,
Mais que le monde entier n'est qu'un vaste calvaire,
    Et la vie une croix.


Que tout bonheur ressemble à ces jeunes chanteuses,
Que Venise, le soir, voit glisser sur son flot ;
Le malheureux sourit à ces voix si flatteuses
    Qui s'éloignent bientôt !

Il ne reste en son cœur que la nuit, la souffrance!
Ainsi mon heureux rêve a duré peu de jours,
Et voilà que j'ai dit : adieu toute espérance,
   Plus de chants ! plus d'amours !


Et lors je me suis tu, — car à ces rêveries
Je ne veux pas mêler des pensers plus cuisans,
Qu'elles restent toujours et pures et fleuries,
   Soupirs des jeunes ans.


Afin qu'un jour, — alors que la vieillesse sombre
Abreuvera mes jours d'amertume ici-bas,
Et que la triste mort projetera son ombre
   Au devant de mes pas ; —


Je dise en les voyant : « ô mes jeunes années,
O mes rêves si purs, et mes chants d'autrefois,
Doux échos de mon âme aux heures fortunées,
   Que j'aime votre voix !

Enivrantes saveurs, coupes de fleurs ornées,
Quoi! détruites sitôt! quoi! vides pour jamais!
Si peu d'heures, mon Dieu, de parfums couronnées
    Pour tant de jours mauvais!


Telle dans les déserts on voit la caravane
Joyeuse, un jour serein, dresser le lit du soir,
Mais bientôt le Simoun soulevant la savane
    Engloutit leur espoir.


Ainsi dirai-je alors. — Et mon âme ravie
Rappelerait parfois ces jours délicieux,
Jusqu'à ce que la mort cet écho de la vie
    M'élançât dans les cieux.


Mais maintenant silence! adieu donc, ô ma lyre,
Adieu donc mes accens et d'amour et de foi,
Car il n'est que douleurs pour le cœur qui soupire,
    O mon âme, endors-toi!

                    1837.

# XXI

# SONNET.

Mesdames et Messieurs, oh! vous ne savez pas
Ce que c'est pour son art que l'ardeur du poète ;
C'est un marteau d'horloge à grands coups dans la tête,
Qui vous bat le tympan, et fait un grand fracas ;

Quelque chose dans l'air dont la voix inquiète,
Qui saute sur l'esprit, qui le prend par le bras,
Et le faisant marcher, lui dit dès qu'il s'arrête :
Réveille-toi bien vite, oiseau, tu chanteras.

C'est ce qui de nouveau va m'armer de la plume,
Et puis j'avais promis de vous faire un volume.
Un vice inaperçu tout-à-coup m'apparaît.

Groom, mon papier vélin, mes lunettes, de l'encre.
C'est bien, — donc à la voile et levons vite l'ancre,
On ne vogue que mieux après un temps d'arrêt.

# XXII

*A Hippolyte Lucas.*

## LE DOCTRINAIRE.

※

Afin que dans tous lieux vous puissiez reconnaître
  Le doctrinaire d'aujourd'hui,
Je voudrais l'esquisser, et puis vous le soumettre,
  Si bien que vous disiez : c'est lui.
Il porte l'habit noir et la cravate blanche,
  Des souliers et jamais de gants,

Il joue au cinq pour cent, toujours décide et tranche,
    Et n'a pas moins de cinquante ans.


A dix heures, le soir, il rentre et dit : ma femme,
    Mais elle en vain l'a caressé,
Il reste nénuphar et de glace et sans âme,
    Excepté dans le jour fixé.
S'occupant de lui seul parle chose publique,
    Et lorsque vous lui demandez
De dire son avis d'un procès politique,
    Il vous répond : pendez, pendez.


Offrez-lui des bijoux en même temps qu'un glaive ;
    Différent d'Achille autrefois,
Ce sont les bijoux, lui, c'est l'argent qu'il enlève,
    Pour lui le fer a trop de poids.
Il aime tant l'argent, qu'en la place publique
    En vain on dépouille son dos,
Et que là, chaque jour, la verge satirique
    En vain le sangle jusqu'aux os.

Il veut singer les airs du temps de Louis treize,
    Parfois il achète un château,
Il prendrait volontiers la manchette et la fraise,
    Avec la perruque à marteau.
Mais dans ce grand costume il serait mal à l'aise,
    Lui si mollasse et si bourgeois,
Qui tremble au chant d'Henri, comme à la Marseillaise,
    Redoutant le peuple et les rois.

Il a purgé l'état de la femme et du prêtre,
    Comme si Fleury, Mazarin,
Aspasie eussent su moins bien régir peut-être
    Que Thiers, Guizot ou Gasparin,
L'on n'eût rien su sans lui qui découvrît la claque,
    Qui fit d'un sbire un général,
Se laisse souffleter par l'étranger et traque
    Le peuple, comme un animal.

Qui croit beau d'opposer de faibles rois de cartes
    A la plèbe se soulevant,
Et qui lève la main pour les rois ou les chartes,
    Comme un télégraphe vivant.

Parvenu plein d'orgueil il porte une férule,
> Un chiffre en la place du cœur,
Et voudrait aux Français faire baiser sa mule,
> Comme le pape à l'empereur.

Arrière, arrière donc, homme faible et débile,
> Brocheur de constitutions,
Empyrique qui crois la France une âme vile,
> Sur qui tenter tes potions.
Lorsqu'après les trois jours, Behmot épouvantable,
> Enivré de sang et de pus,
Au grand banquet des prix, fut tombé sous la table,
> Toi, tu mis le talon dessus.

Prends garde sur son dos de perdre l'équilibre,
> Il écrasera tes pareils,
S'il fait une ruade au nom du peuple libre,
> Entre deux de ses forts orteils !
Ce jour arrivera. — N'entends-tu pas dans l'ombre,
> Ceux qui t'ont mis sur le pavois,
Le cœur gros de fureur, les poings fermés, l'œil sombre,
> T'appeler : traître à haute voix ?

La révolution renaîtra comme l'hydre,
Pour envenimer nos douleurs,
Comme on comptait jadis le temps par la clepsydre,
Nous le compterons par nos pleurs.
Si l'on revoit jamais ce monstre redoutable,
Oh! femmes, fermez votre sein!
Car il lui faut à lui, pour boire sur sa table,
Mille livres de sang humain.

1838.

# XXIII

# A EDOUARD TURQUETY.

J'ai toujours détesté cette littérature
Qui ne voit que l'amour dans toute la nature,
Et que chantait Dorat et le gentil Bernard,
Musquée et pomponnée, amollie et coquette,
Avec ar inclinant, ou redressant la tête
      Devant un langoureux regard;

Qui s'étudie enfin, comme une jeune fille,
A lever ou baisser son voile et sa mantille,
Pour laisser entrevoir la beauté de son sein,
Et qui n'ôte son gant, et ne lance un sourire,
Que par coquetterie, afin que l'on admire
      L'émail de ses dents ou sa main.


Et je déteste aussi cette littérature
Qui ne voit que le mal dans toute la nature,
Qui, des enfants d'Adam ne connaît que Caïn,
Qui prend pour l'idéal notre dévergondage,
L'horrible pour le vrai, la foudre qui ravage
      Pour notre horizon seul enfin ;


Qui mêle le destin avec la providence,
Prend pour force et grandeur le crime et la démence,
Pour amour l'appétit et la chaleur du sang,
Et dont la fibre, hélas! n'est désormais émue,
Que par un crâne ouvert, par un homme qu'on tue,
      Qui blasphème en agonisant.

Je hais tous ces auteurs amoureux du bizarre
Qu'une muse enivrée emporte au loin, égare
Dans un monde hideux et plein d'affreux tableaux,
Ou qui vont étaler, dans la feuille publique,
Quelque mauvais roman cynique, hyperbolique,
  L'effeuillant là par froids lambeaux.


Ils se vêtissent d'art, et de clinquant s'habillent ;
Et qui voit leurs manteaux mal drapés qui scintillent,
Croit voir à la campagne un époux chamarré.
Ou plutôt cet amour de l'éclat qui les gagne
Les ferait ressembler à ce taureau d'Espagne
  Qui se prend au voile empourpré.


Oh ! que j'aime bien mieux ta sainte poésie,
Ami, qui semble née au chaud pays d'Asie,
A l'ombre des autels, sous un regard de Dieu,
De même que ces chants à la note sublime
Qu'autrefois Jéhova dans l'antique Solyme
  Inspirait au prophète hébreu.

On dirait que toi-même as vu, comme saint Pierre,
Moïse ainsi qu'Élie inondés de lumière
S'entretenir avec le Christ transfiguré,
Et qu'alors tu t'es dit tremblant et dans l'attente :
Maître, il fait bon ici, je veux poser ma tente
  Devant ton visage adoré.


Oh ! dis-moi donc comment au milieu de la houle
Qui submerge les saints et porte en haut la foule,
Quand on entend rugir la voix de nos Gracchus,
Et qu'à chaque moment éperdue et tremblante
Rome craint de tomber dépouillée et sanglante
  Aux mains du brutal Spartacus ;


Quand l'œil voulant sonder le monde politique
Rencontre avec terreur l'ombre démocratique
Voilant notre avenir de ses sanglans haillons,
A la place des croix relevant la potence,
Et du temple effaçant les mots de providence,
  Et changeant ses Christs en canons ;

Et quand en oubliant cet orage qui gronde,
On voit quel prosaïsme en tous lieux nous inonde,
Que le rire moqueur accueille seul les vers,
Et que l'on n'entend plus que machine, industrie,
Que poulie et que roue, et qui grince et qui crie,
   Comme de sauvages concerts;


Oh! dis-moi donc comment, cygne à l'accent céleste,
As-tu pu traverser ce siècle si funeste,
Sans souiller ta blancheur aux fanges des buissons?
Tu demeuras voilé d'une auréole sainte,
Comme en sa crysalide un papillon sans crainte
   De la froidure des saisons.


Mais dis? — Où donc as-tu trouvé toutes ces roses,
Toutes ces fleurs d'Éden si fraîchement écloses
Qui parfument tes vers de leur baume de miel?
Le Christ t'a-t-il crié, comme à Jean le prophète :
Écoute, puis écris, voilà que je te jette
   Une plume trempée au ciel?

Oh ! rêves de Socrate et du fils de Marie,
Idéal de Thérèse en extase qui prie,
Espoir qui soutenais saint Paul dans les cachots,
Qui faisais aux chrétiens, au milieu du martyre,
Crier : je suis heureux, allons, qu'on me déchire,
  Je braverai tous vos fers chauds.


Céleste enthousiasme, ineffable harmonie
Qui, de sainte Cécile inspirais le génie,
Douce apparition des élus glorieux,
Vous avez visité cette âme de poète,
C'est pourquoi tout-à-coup il a dressé la tête
  Et lu dans le livre des cieux.


Alors il nous jeta dans sa sainte colère
Son Caliban fangeux, image de la terre,
Et puis il nous montra le pontife romain,
Semblable au Christ marchant sur la mer, dans l'orage,
Levant son noble front, sans crainte du naufrage,
  Au-dessus de tout flot humain.

Tu fermas ton oreille à ces bruits que la terre
Envoie incessamment du fond de son cratère,
Où bouillonne la lave en feu des passions,
A ces chants insensés d'une muse effarée,
A ces clameurs de mort qu'une plèbe égarée
    Jette à toutes les nations.


Ta muse préféra recueillie et mystique
Aller s'agenouiller sous le sacré portique,
Pour unir ses accords aux plus pieuses voix ;
Et s'élevant soudain au-dessus de la terre,
Elle fut se noyer dans la divine sphère,
    Se posant au haut de la croix.


De là, tu crus entendre, en ton essor sublime,
L'épouvantable bruit qui réveilla l'abîme,
De l'Archange roulant, roulant jusqu'aux enfers,
Et de là, tu crus voir cette heure solennelle,
Où le Christ remonta vers la voûte éternelle,
    Au son des célestes concerts.

Et ton esprit alors s'inonda de lumière,
Et ton cœur tout ému se fondit en prière ;
Et nous priant aussi, frère, nous t'écoutions,
Car nous nous étions dit : la divine colombe
Lui murmure tout bas des secrets d'outre-tombe,
  Le couronne de ses rayons.


Poète, sois béni ! — Peut-être en plus d'une âme
As-tu fait refleurir la croyance qui pâme
Et s'étiole, hélas ! sous un souffle empesté !
Peut-être un Obermann, un Werther las de vivre,
Un Réné s'est-il dit, converti par ton livre :
  Espérons dans l'éternité !

## XXIV

> L'air était pur, un dernier jour d'automne
> En nous quittant arrachait la couronne
>     Au front des bois,
> Et je voyais d'une marche suivie
> Fuir le soleil, la saison et la vie
>     Tout à la fois.
>
>         Mme TASTU. *(Feuil. du Soir).*

*A M. le C<sup>te</sup> Paul de Molènes,*

## AUTOMNE.

Encore une année accomplie,

Encore un soleil qui s'éteint !

Dix-neuf fois sur mon front qui plie,

Le pied du géant s'est empreint,

Sans qu'éveillant les feux dans l'ombre,
J'aie illuminé ma nuit sombre
De la flamme d'un nouveau jour;
Et sans que surmontant la lame,
J'aie enfin fait luire mon âme
Sur les hauteurs de ce séjour.

Vain rêve de gloire qui passe !
Encore quelques pas du temps,
Et tout se meurt et tout s'efface,
Comme un esquif sous les autans.
La coupe de la vie humaine
Crèvera dans mes mains, trop pleine,
Et j'expirerai sans savoir
S'il faut dire à celui qui m'aime :
Regardez la voute suprême,
Ou regardez mon marbre noir.

Comme des caractères d'hommes
Dans les empires expirants,
Les arbres montrent dans leurs dômes
Leurs mille reflets différents ;

Comme l'illusion de l'âme,
Le chaume s'étiole et pâme ;
La feuille tombe au vent des morts,
Comme nous voyons les couronnes
Tomber aujourd'hui de leurs trônes
Au souffle des peuples trop forts.

Or, c'est maintenant, — voici l'heure
Où le ciel qui s'embrunit,
Comme un troupeau dans sa demeure,
Dans les villes nous réunit.
Adieu donc ma douce campagne
Pendue aux flancs de la montagne,
Comme la coquille au rocher ;
Adieu donc mon pauvre village
Qui, comme un secourable ombrage,
Dans tes maux venais me chercher.

Je regrette les chants paisibles
De ces innocents villageois,
Insouciants des coups terribles
Du choc des peuples et des rois ;

Je regrette partout la place,
En quelques endroits que je passe,
Où je posai mon front serein,
Car il semble en tous lieux qu'on aime,
Que quelque chose de soi-même
Reste aux branchages du chemin.

Oh ! s'asseoir au pied des platanes ;
Suivre les ruisseaux dans les prés ;
Voir fuir au milieu des lianes
De jolis lézards tout dorés ;
Ecouter les voix des faneuses,
Regarder de jeunes baigneuses
Folâtrer au milieu des eaux ;
Rêver de ravissantes choses,
Et s'endormir au sein des roses.
Au bruit des accens des oiseaux ;

Comprendre ces sons que la terre
Murmure au poète le soir ;
Elever aux cieux sa prière,
Comme l'odeur d'un encensoir;

A propos d'un oiseau qui vole,
D'un enfant qui joue, ou d'un saule,
Effeuiller les vers sous ses pas ;
Sentir le souffle du délire
Ravir palpitans à la lyre
Des sons étrangers ici-bas :

Avoir sa paupière fermée
Pour tout horizon odieux,
Couver sa pensée embaumée,
Comme un nard exhalé des cieux :
Oh ! voilà ce qui vous embrâse !
De la plus enivrante extase,
Des plaisirs les plus enchantés,
Que Dieu frappant le premier homme
Nous ait laissés, comme un arôme,
Loin de l'air infect des cités.

Et voilà ce qui fait que l'âme
Qui veut garder un si doux fruit,
Haît cette assourdissante lame
Qui dans les villes nous poursuit ;

Où l'âme plus près de la terre
Veut pour élever sa prière
Un temple étincelant et beau,
Oubliant que Dieu dans la fange
Naissant eut la crêche pour lange,
Et l'étable pour son berceau.

Oui j'aime mieux la solitude
Qui nous sanctifie ici-bas,
J'aime errer sans inquiétude,
Sous l'ombrage de mes lilas.
Soleil, un peu de votre flamme,
Un rayon de foi dans mon âme,
Un rayon d'amour dans mon cœur,
Une montagne où je m'élève,
Un bois de sapin où je rêve,
La croix où prier le Seigneur;

Un pan de ciel bleu sur ma tête,
Un peu d'onde bleue à mes piés,
Voilà tout ce que je souhaite
Dans quelques jours purifiés.

Oh ! le rêve, parfum, cinname,
Doux aloës, lait de mon âme,
Rideau de l'Eden entr'ouvert !
Vapeur qui germe la pensée !
Flot d'amour où l'âme est bercée,
Premier son du divin concert !

Et je dis : en vain tu t'élèves,
Aigle, jusqu'à l'astre de feu,
Moi sur les ailes de mes rêves
Je vole plus haut jusqu'à Dieu.
Oh ! le cœur aux cieux qui se noie,
Et croit à la future joie,
Regarde en pitié ce bas lieu ;
Et par soif du séjour suprême
Veut briser ses liens lui-même,
Pour se compléter dans son Dieu.

1838.

## XXV

## A M. DE SAINTE-BEUVE.

—oe︎o—

Je ne sais quel démon souffle dans l'atmosphère,
Mais tout ciel est pesant, pesant comme un suaire !
De la sueur, du sang, des pleurs et puis des pleurs
A faire déborder notre coupe trop pleine,
Voilà toute la vie, et pourquoi l'âme humaine
      N'a plus qu'un cri : douleurs, douleurs !!

Semblable au malheureux que la misère accable,
Qui cache ses haillons sous un manteau passable,
Semblable à la forêt de Tasso Torquato
Cachant des désespoirs sous sa brillante écorce,
Sous cet air apparent de bonheur et de force,
  Notre âme n'est plus qu'un tombeau.


Tout séduisant espoir que notre cœur emporte,
Comme ces fruits brillans voisins de la mer morte,
Se réduit aussitôt en cendres dans nos mains.
Partout où notre rêve écrit : bonheur et joie,
Le temps écrit : malheur, car la plus belle voie
  Cache à nos pas des souterrains.


La jeunesse, ô mon Dieu, qui se lamente et crie
Sent entrer dans son cœur les sept dards de Marie,
Et se débat en vain sous ce tourment amer.
Les cordes de nos luths sont nos fibres saignantes,
Aux épines partout sur nos chemins traînantes
  Nous laissons des lambeaux de chair.

Nous semblons ces damnés dont craquait la poitrine,
Dont les chappes de plomb ensanglantaient l'échine.
Quand Dante Alighieri les vit dans son enfer.
Partout, partout, hélas! l'on maudit et l'on souffre,
Le doute nous jeta sa chemise de soufre,
    Nous broya de ses dents de fer.


En vain parfois la joie ou l'amour qui folâtre
Viennent baiser nos fronts de leurs ailes d'albâtre.
Le rire doux et pur ne trouve plus d'écho ;
Quand on veut approcher de ces blanches colombes,
On croit voir tout-à-coup se dresser sur des tombes
    Le spectre pâle de Banco.


Voyez de toutes parts quelle amère tristesse
Étend ses crêpes noirs sur toute la jeunesse.
L'arbre d'illusion à peine encor fleuri
Séchant au vent du doute, avant les froids automnes,
Jonche bientôt nos cœurs de fleurs mortes et jaunes
    Et d'un feuillage tout flétri.

Au rocher de la vie, enfans de Prométhée,
Le dieu jaloux cloua notre âme révoltée,
Et sur ce mont Caucase où nous sommes liés,
Le vautour du désir déployant sa grande aile
Ronge éternellement notre fibre éternelle,
      Se repait de nos os broyés.


Le passé, c'est pour nous cet abîme de flamme
Qui s'ouvrit tout-à-coup sous la Sodôme infâme,
Pour châtier l'horreur de ses coupables jeux,
Et le présent pour nous, c'est Job maudissant l'heure
Qui lui donna le jour, et qui gémit et pleure,
      Couché sur son fumier fangeux.


L'avenir, l'avenir, c'est un nuage sombre,
Oh! c'est l'humanité s'avançant comme une ombre,
Au val de Josaphat, les regards abattus,
Où c'est le Juif en proie aux guerres intestines,
Alors que ses remparts s'écroulent en ruines,
      Sous les attaques de Titus.

Oh! c'est que nous aussi sur la potence infâme
Nous avons attaché le sauveur de notre âme,
Et souri de l'y voir tordre ses membres nus.
Nous avons conspué le Dieu que l'on adore,
Nous l'avons salué : le roi des Juifs encore,
  Barabbas a vaincu Jésus !


Nous avons effacé ces mots que dans le temple
Christ écrivit jadis pour nous dicter l'exemple.
Cette sublime croix au nimbe rayonnant
Qui, sur le moyen-âge et sur toute la terre
Si longtemps projeta son éclat salutaire,
  N'est qu'un bois pourri maintenant.


Et ce cri de Jésus rendant son dernier râle ·
Oui, tout est consommé, que dans la cathédrale,
Le divin vendredi, l'on entend retentir,
Ne va plus se briser que sur des arceaux vides,
Ne trouve plus, hélas! que des cariatides
  Pour répondre à ce grand soupir.

Et nous-mêmes, mon Dieu, nous mêmes, ô poètes,
Dont le Christ inspira les voix les plus parfaites,
Quand la tourbe est venue insulter ce front saint,
Nous n'avons su garder le Jardin des Olives,
Et nous avons lancé l'injure, les salives
  Et les coups de fouets sur son sein.


Hommes, rappelez-vous cette tête divine,
Pour bénir les humains, qui se penche et s'incline,
Ces rochers s'ébranlant, comme un volcan de feu,
Et ce voile du temple en deux qui se déchire !
N'entendez-vous donc plus le centenier vous dire :
  Cet homme était le fils de Dieu ?


Comme Sem et Japhet sur Noé dans l'ivresse,
Sur le siècle dernier que le blasphême oppresse,
Jetons un voile obscur qui le fasse oublier.
Secouons de nos pas la profane poussière,
Et pénétrant enfin au fond du sanctuaire,
  Frères, essayons de prier.

Serrons, serrons nos rangs autour de la croix sainte,
Et tâchons de baiser encor l'auguste empreinte,
Comme la Vierge et Jean l'apôtre bien-aimé.
Dès que dans les déserts, l'errant Israélite
Avait vu devant lui marcher l'arche bénite,
    Son cœur était soudain calmé.


Ainsi donc ici-bas l'âme se rassérène
Au souffle de la foi, céleste souveraine,
Eau du Jourdain lavant de toute impureté,
Voix du Saint-Paraclet du seul juste entendue,
Flambeau de l'autre monde et lampe suspendue
    Aux voûtes de l'éternité.


Mais quel nouveau David, par les sons de sa lyre
Pourra calmer encor la fougue et le délire
De ce siècle Saül plein d'envie et de fiel?
Et quel Samson tuera de sa mâchoire d'âne
Le vice philistin levant son front profane
    Et semblant défier le ciel?

Quand donc quitterons-nous ce sol de servitude ?
Dussions-nous au désert, sous le ciel le plus rude,
Inquiets, poursuivis, passer trente-neuf ans,
Pour qu'enfin nous voyions cette terre promise,
Jéhova, crie encor : éveille-toi, Moïse,
    Et va délivrer mes enfans.


Et j'écoute attentif, et j'attends et j'espère,
Au milieu de l'orage et des feux du tonnerre,
Voir Dieu sur le Sina dicter encor ses lois,
Un autre Jean-Baptiste annoncer sa parole,
Ou bien du Golgotha reluire l'auréole ;
    Mais rien... rien... ni lueur... ni voix !...


Hormis celle du siècle, hélas ! qui désespère,
Et qui, comme l'enfant sous un dard de vipère,
Sous l'aiguillon du doute agonise et se tord.
Et moi las d'exister, comme saint Paul, je clame :
Qui me rendra la vie en me délivrant l'âme
    De cet odieux corps de mort ?

Sainte insufflation du Paraclet aux âmes

Des apôtres de Dieu, douces et chastes flammes,

Crèche de Béthléem, Vierge aux rayons si doux,

Vision d'Emmaüs, quand rejetant sa pierre

Le Christ resplendissant apparut à saint Pierre,

Inspirez-nous, protégez-nous !

# XXVI

# A UN JEUNE PEINTRE.

Bientôt vous quitterez les rives de la Seine,
Et nous nous serrerons les deux mains avec peine :
    Ce sera pour toujours...
Car l'étudiant est un oiseau de passage
Qui ne laisse pas même une plume au rivage
    Qu'il charma quelques jours.

Et si vous reveniez après quelques années,
Pour revoir vos amis des heures fortunées,
  En vain chercheriez-vous ;
Délaissant cette vie oisive et passagère,
Les uns iront s'asseoir sur la pierre étrangère,
  Et les autres dessous !


Nous voyons s'écrouler nos souvenirs sans nombre;
Mais, peintre, vous savez saisir en passant l'ombre
  Errante sur le mur;
Pour nous tout beau spectacle au vent d'oubli se brise,
Mais chaque souvenir pour vous se réalise
  Sous votre crayon pur.


Quand sur vous la vieillesse étendra son suaire,
Vous aimerez revoir ce séjour de naguère,
  Dans vos charmants tableaux :
J'étais là, direz-vous ; et votre âme ravie
Sourira plus suave, à travers votre vie,
  A vos vingt ans si beaux.

Heureux, heureux celui, comme Paul Véronèse,
Que l'art en folâtrant couvre de fleurs et baise !
  Tous ses jours seront doux.
Que lui fait que le char des rois ou de la plèbe
Nous écrase en passant, comme on brise la glèbe,
  Et nous crie : armez-vous ?


Dès qu'aux bruits d'ici-bas, son large front se plisse,
L'art vient à son secours, lui souffle un vent propice,
  Le prend sur ses genoux :
« N'avez-vous pas, dit-il, des oiseaux et des arbres,
Des nuages, des flots, des toiles et des marbres ?
  Enfant, consolez-vous ! »


Mais, ami, n'allez pas vautrer l'art dans l'orgie,
Traîner votre pinceau sur la nappe rougie :
  C'est prostituer l'art.
Il déteste et maudit ce fils qui le viole ;
Aussi quand il l'implore, il rit de sa parole,
  Et dit : il est trop tard !

On s'intéresse peu pour ce délire, ô peintre !
Mais j'aime au temple assis sous le portique en cintre
  Un aveugle et son chien ;
N'oubliez pas l'enfant, si vous peignez la mère ;
J'aime que le pinceau pleure avec la misère,
  Comme le Titien.


Peins la Divinité qu'on dépouille et qu'on lie,
Ou du haut de la croix criant : Elie, Elie !
  Puis inclinant son front.
Trempe aux cieux tes pinceaux à la coupe de l'ange,
Et Giotto, Rubens, Raphaël, Michel-Ange
  Un jour t'applaudiront.


1838.

# XXVII

*À M. le Comte Alfred de Vigny.*

# XXVII

> Tout est co fondu : les idées du vice et de la vertu renversées ; les lois les plus inviolables s'évanouissent ; la sainteté des mœurs périt ; on n'a d'autre lien que l'irréligion.
>
> MASSILLON.

# LE SIÈCLE.

## I

### POLITIQUE.

Liberté ! liberté ! — ce cri de liberté
A retenti partout dans la grande cité,
Tout s'agite et s'émeut, et voici que la plèbe
Abandonnant soudain son échoppe, ou sa glèbe,

Se pend aux croix, au trône, une fronde à la main ;
Malheur, malheur à qui l'arrête en son chemin !
Elle renverse tout, et jette sur le trône
Un pavé si pesant qu'il brise la couronne.


C'est bien, la bonne ville, allons frappe plus fort,
Assouvis ton besoin de carnage et de mort.
Oh ! que la voilà bien la grande populace
Ayant morts et mourans à hauteur de sa face,
Hurlant, et le visage et les bras barbouillés
De la fange et du sang dont ils se sont souillés.


Et les femmes aussi, semblables aux bacchantes
Dans leurs jours de chaleur brûlant les Corybantes,
Allumaient les combats, et criaient aux guerriers :
Or, voici notre proie, et voici nos gibiers,
Voilà le cœur d'un duc, les bras d'un capitaine ;
Et jetaient dans leurs rangs ces troncs de chair humaine.
Et le tocsin sonnait... partout l'horreur, l'effroi !
Et le peuple vainquit, et le pavé fut roi.

Or donc Paris, après ces trois jours de bataille,
Fatigué se sentit s'affaisser sur sa taille,
Et, posant pour un temps le glaive des combats,
Le géant s'endormit sur un trône en éclats,
Oh ! quelle gloire alors, quels beaux songes il rêve !
Arbre à la rude écorce, à la puissante sève,
Qu'il se croit libre et grand ! — Mais pourtant au réveil
Il ne put se lever, tant fut lourd son sommeil !
En vain il veut encore à la hauteur du trône
Dresser son large front, il sent qu'on le talonne.


Peuple, on t'a bâillonné, tais-toi, ne dis plus rien,
Vois-tu pas qu'à la laisse on te tient, comme un chien ?
Et chaque fois qu'armé de ton pavé tu bouges,
Qu'un bras plus vigoureux te renfonce en tes bouges ;
Que nu, pauvre, épuisé, tu portes jusqu'aux os
Les verges et les fouets imprimés sur le dos ?
On t'étrangle, on t'étouffe, on te plonge en la hanche,
Comme au veau que l'on saigne, un poignard jusqu'au manche.
« Frappez, » dit le ministre, et pendant qu'en lambeaux
Tu pends de toutes parts, lui s'amuse à *Grand-Veaux*.

« Frappez-les, frappez-les. » Et lorsque tu suppures
La sanie et le sang, il rit de tes blessures.

Pauvre plèbe insensée, écoute encore et crois
Tous ces ambitieux dont tu chéris la voix,
Va pour eux exposer au feu ta tête nue,
Et quand jusqu'au pavois, du ruisseau de la rue,
Tu les auras enfin élevés sur tes bras,
Ils te diront : va-t-en, je ne te connais pas;
Et si ta voix leur crie encor : miséricorde,
Mère, ils auront pour toi l'échafaud ou la corde.

Tu t'es dit en juillet, aux jours victorieux :
« Nous renouvellerons le bon temps des aïeux ;
Quatre-vingt-treize, oh! viens voir ta progéniture,
Je suis encor la tourbe et qui tue et qui jure.
Pour essuyer mon pied, je veux sceptres et croix,
Car j'abhorre avec rage et le Christ et les rois.
Comme autrefois encor, dans ma force de buffle,
A qui me dira : non, je lui casse le muffle,
Je lui ferai sauter du corps au moindre mot
Le cœur tout pantelant à coups de mon sabot.

Et les têtes pour moi trop hautes je les rogne,
Et je jette à pourrir tous ces rois sans vergogne.
Que tes restes blanchis s'agitent au tombeau,
J'aurai pour courtisans les valets du bourreau !... »


Donc il te fallait joindre à la fureur l'audace,
Lion, ne pas trembler si fort pour ta carcasse.
Mais déjà tu faiblis, un talon odieux
T'a fracassé le crâne et t'a crevé les yeux.
Déjà sur ta figure on voit plus d'une ride,
Ta peau s'est faite sèche, est devenue aride;
Auprès de toi l'on sent une odeur de cercueil,
Car tu t'enveloppas la tête d'un linceuil,
Te laissant sans défense écraser la poitrine,
Comme César mourant sous la rage assassine.

Oh ! tu criais bien haut, mais l'on t'a muselé,
Si bien meurtri le cou que tu n'as plus parlé.
Ne te compare pas non plus au dernier âge ;
Car celui-là portait la force et le courage,
Ils lutta corps à corps seul contre huit cents ans;
Et, d'un trône vainqueur des rois les plus puissans,

Fit un aérostat rempli d'air méphitique,
Livré sans lest en proie au vent démocratique;
Le brasier populaire y mit le feu bientôt,
Il s'abattit en cendre au haut d'un échafaud.
Mais, peuple qui te plais à briser des ruines,
A couper l'abrisseau de quinze ans de racines,
Tu te fais bien petit, tu perds ta grande voix,
Non, vrai Dieu, tu n'es plus le peuple d'autrefois.

Ainsi quand le lion sort au soir de son antre,
Qu'il déchire sa proie et se gorge le ventre,
De sa griffe rougie emporte ces lambeaux,
On aperçoit de loin la horde des corbeaux
S'abattre en croassant sur sa sanglante trace,
Et ronger les débris de sa gueule vorace.

O peuple, ainsi fais-tu, lorsque dans ta fureur,
Tu veux parodier l'âge de la terreur.
De qui triomphas-tu ? — bel exploit, sur mon âme,
D'un vieillard impotent, d'un enfant, d'une femme !
Voilà tous les hauts faits que ta vaine fierté
Peut étaler un jour à la postérité.

Venez voir un pays qui se proclame libre,
Quand pas un sentiment de liberté n'y vibre,
Quand on lit chaque jour, au revers du journal,
Tel député demain dîne au banquet royal ;
Que le pouvoir toujours qui nous tente et nous guette
Pour une place ou bien pour de l'or nous achète.

Fouines de l'État et chacals de budgets,
Aux longs museaux rougis dévorant les sujets,
Vampires à la main et si large et si molle
Que l'or que vous touchez, comme à la glu, s'y colle,
Entendez-vous parler la voix des souverains ?
Applaudissez bien fort, allons, courbez les reins.
A genoux, à genoux! plus bas, plus bas vos têtes !
Et vous aurez de l'or et vous aurez des fêtes.

Ces gens ont salué force, faiblesse, argent,
Bonaparte, Bourbon et le prince régnant,
De toute dynastie impurs vers ascarides,
Race à chasser bien loin de couards, de perfides,
Qu'un demi-siècle vit tirer à bout portant
Dix constitutions sur le pays flottant;

Condottieri sans foi se vendant au service
Des révolutions, du pouvoir et du vice,
Comme un maître à danser, payés à tant par mois,
Essuyant de leur front le marche-pied des rois,
Si qu'on pense en voyant un reptile qui rampe,
A ces grands qui toujours sont au haut de la rampe,
Faisant de leur honneur un infâme trafic,
Et se jouant des mots : patrie et bien public.

Arrêtons-nous un peu, le malheur nous réclame,
Charles dix est tombé, paix à cette pauvre âme !
Une place à son corps, la tombe à Saint-Denis,
Qu'il y repose avec ses aïeux réunis !
Vous, par qui sa couronne ici-bas fut flétrie,
Du moins après la mort rendez-lui sa patrie ;
Le sceptre dans vos mains vacille-t-il si fort,
Que vous craigniez pour lui le souffle d'un roi mort ?
Qu'on porte alors sa cendre en Afrique, en Morée,
Elle y dormira bien de lauriers entourée.
Il est mort ! — Nul canon n'a suivi son cercueil,
Dieu, que n'as-tu fermé six ans plus tôt son œil ?

Un autre prince encore a péri, mais silence !

Dieu seul connaît les faits, les pèse en sa balance.

Du sein de la tempête, ainsi que Romulus ;

Le vieillard disparut, et l'on ne le vit plus

Seulement l'on a dit que dans des nuits bien sombres,

L'on a vu quelquefois passer deux grandes ombres

Montrant leur large plaie et leur flanc poignardé,

Et qu'on a reconnu les derniers des Condé !...

II

## BALS ET THÉATRE.

L'esprit se vend en gros, en détail, en colonne,
Bois en coupe réglée, étoffe de tant l'aune.
Une idée, un mot seul chez un bon exploiteur,
Suffit pour enrichir à jamais un auteur.
L'un a fait sa fortune avec le romantique,
Et l'autre avec les mots : vaporeux, fantastique.
On tient manufacture et fabriques en grand
De titres bien trouvés et de grands mots vibrant.
Car plus qu'au fond du sac on voit à l'étiquette,
Le titre est une nasse où le lecteur se jette,
Et l'auteur spéculant sur nos faibles esprits
Prend par mille moyens le lecteur tout surpris.

Puis l'on a dans Paris, cette ville maudite,
Une société d'hymen en commandite,
Où, quand l'homme trop vieux s'est senti rejeter,
Il rencontre une femme avec qui végéter.
Et vos bals ruisselant de rubis et de moires,
Et tous vos carnavals, ne sont-ce pas des foires ?
Où les femmes cherchant d'un regard agresseur,
Les unes un amant, d'autres un épouseur,
S'en vont étaler là leur beau corps qui se penche,
Leur gorge demi-nue et leur poitrine blanche,
Leurs épaules d'ivoire humides de chaleur,
Et leurs cheveux flottant où se mêle la fleur,
Non, pour brûler, pardieu, les âmes les plus belles,
Mais c'est pour qu'un sac d'or plus gros pose auprès d'elles,
C'est afin de vendre âme et corps au plus offrant,
Le bal est un bazar où la femme se rend !
Tandis que l'homme, ainsi que le sultan d'Asie,
La contemple en tous sens, selon sa fantaisie.

Aussi l'hymen n'est-il qu'un viol officiel,
Et qu'une orgie à froid sans vergogne et sans sel,

Où, pour quelques mots dits par le maire et le prêtre,
La femme est obligée à languir sous un maître.
Oh ! mère, prenez garde en livrant votre enfant,
D'écraser ce cœur pur sous l'or poids étouffant,
Et que lasse du joug, pour redorer sa vie,
Elle n'appelle un jour le vice qu'on envie.

Et le siècle apparaît encor plus immoral
A qui veut soulever le rideau théâtral.
Qu'un dramaturge crie : « Ecoute, bon parterre,
J'ai mis une colombe au milieu de mon aire,
J'ai défendu ses pieds des ronces du chemin,
Je te la conservai pure jusqu'à la fin. »
« Ah ! ah ! de la vertu, de l'amour platonique,
Criera le spectateur au rire sardonique,
Quand la joue enflammée et l'estomac chargé
Des morceaux d'un festin dont il s'est bien gorgé,
Nonchalamment assis dans sa loge, il caresse
Les doigts étincelans de sa belle maîtresse,
Poète, montre-nous l'amour incestueux,
Bagne, meurtres, orgie et crimes monstrueux.

Crois-tu que j'entendrai tes balivernes folles ?
Ta jeune fille, il faut que tu nous la violes,
Ou, que si tout en pleurs, criant et se voilant
Elle veut résister, on la poignarde au flanc. »


Alors à pleines mains, le poète au parterre
Jette l'assassinat, l'inceste et l'adultère,
Ne nous montre partout que spectacle odieux,
Verse à flots le poison et le sang sous nos yeux,
Pour réveiller nos corps et retendre nos membres,
Farcit son drame impur de piment, de gingembres,
Le noie et le salit de lubriques tableaux.
Il enfonce l'alcôve, il ouvre les rideaux,
Nous montre ses amants s'embrassant avec rage.
Le front contre le front, visage sur visage.
Tout palpitant d'amour, dévoilant tout appas,
Ils se prennent la taille, ils se prennent le bras,
Se disent d'une voix agitée et vibrante
Mille insensés propos de flamme délirante.
Mais nul de ces discours ne va toucher le cœur,
Mais de chair amoureuse on ne sent que l'odeur.

Puis sans vous crier : gare, et sans nulle jointure,
Il tue à droite, à gauche, assiste à la torture.

La jeune fille accouche et l'on entend ses cris,
Le fils frappe sa mère, et la mère son fils ;
L'homme ivre et le bâtard tour à tour sur la scène
Viennent nous débiter un long discours obscène,
Arment, comme autrefois, le Christ de son roseau,
Le couronnent d'épine, et souillent son manteau !
Le philosophe affole et sur la corde danse,
Le bouffon philosophe et prêche d'abondance.
Le jeune homme sur tout est blasé, malheureux,
Mais le vieillard ardent et le prêtre amoureux.
Et puis c'est quelquefois un brigand de la tourbe
Que le poète prend se vautrant dans la bourbe,
Il lui jette tout l'or qu'il pilla sur le dos,
Et de ce ruffian il a fait son héros.
Au contraire les rois vocifèrent l'injure,
Ainsi qu'un crocheteur en colère qui jure.
Si le roi chevalier pour le théâtre est pris,
On le conduit au bouge. — Et toujours mêmes cris,

Et mêmes lieux communs se traînent dans tout drame,
C'est toujours contre un riche un pauvre qui déclame,
Manans contre seigneurs, ou jeunes fous perdus
Riant du vieux qui prend du ventre et des vertus.

Et tout cela se dit en paroles guindées,
Dans un style à paniers, à facettes fardées,
Qui ne sait opposer aux meilleures raisons,
Que des tropes de glace et des comparaisons.
Et l'acteur en mourant doit débiter encore
Quelques discours pompeux, quelque phrase sonore.
On laisse l'or des vers pour l'or des vêtemens,
L'argent reluit semé sur tous les paremens.
On étale à nos yeux les plus riches merveilles,
Mais l'on heurte à plaisir nos cœurs et nos oreilles.

Le théâtre élevé pour corriger les mœurs,
Ne répète aujourd'hui que farouches clameurs.
Où trouver, dites-moi, de si coupables femmes,
Qu'elles n'aiment jamais que des bandits infâmes ?
Mais où donc trouvez-vous tant de clés de prison,
De poignards acérés, de verroux, de poison ?

Le vent mugit sans cesse et le tonnerre gronde,
Minuit râle au beffroi, les spectres font leur ronde,
On les voit se glisser avec leurs manteaux blancs;
Et le fleuve engloutir des cadavres sanglants,
On s'assassine à l'aise au milieu des ténèbres,
Moines et fossoyeurs chantent les chants funèbres,
Puis on lève le drap qui couvre les tombeaux,
Pour nous montrer les vers dévorant des lambeaux.

Qui s'attendrit et pleure à ces drames? personne!
Mais, les nerfs agités, on pâlit, on frissonne,
Car ils semblent écrits sur du papier de fer
Par un poignard trempé dans du poison d'enfer.
On prend pour merveilleux ce qui n'est qu'incroyable,
L'horreur pour la terreur, pour l'histoire la fable.
Auprès d'un lit d'amour on jette un échafaud,
Près d'un discours touchant, quelque grossier bon mot;
Puis si l'on fait parler un Seigneur du grand monde,
C'est en termes de halle, en un langage immonde.
On jette pêle-mêle, on confond au hasard
La pierre travaillée, ou bien brute et sans art.

Mais nous sommes lassés d'œuvres si triviales,
De voir toujours en bas les têtes sociales,
De voir tous vos acteurs courir de toutes parts,
Les habits en désordre et les cheveux épars.

Et tout cela s'étouffe, et tue et se tutoie,
On ne reconnaît plus les larmes de la joie,
Ils répandent le vin, ils répandent le sang,
Ils meurent en buvant, meurent en s'embrassant ;
Ils sentent le charnier, et respirent la rose ;
Le pied sur des tessons et sur des fleurs se pose,
C'est un bruit à la fois de délirans baisers,
De râles, de soupirs et de verres brisés.

Allons, ris, bon public, car voilà de la rage !
Avons-nous donc déjà tout usé dans notre âge,
Comme l'empire Grec, qu'on veuille pour acteurs
Les lions de l'arène et les gladiateurs,
Que sur Dumas, Corneille aujourd'hui l'on disserte,
Comme alors sur les bleus et la faction verte ?
Ne balaierez-vous pas l'étable d'Augias ?
Du théâtre chassez tous ces brigands trop bas.

Ou prends garde, ô poète ! en sapant toute base,
Que le grand édifice en tombant ne t'écrase !
Car le peuple haineux, à ces récits d'horreur,
Roule mille projets de mort et de fureur,
Voyant les grands si bas, dit : « Je suis moins infâme,
Et je serai leur roi, je porte plus haut l'âme. »


Ne le réveillez pas quand il repose un peu,
Il ne sait éclairer qu'avec la torche en feu.
Et le sol est si plein de la poudre de guerre,
Que le feu d'un pavé peut embraser la terre.
Le dôme social est près de s'ébranler,
Le seul bruit du canon peut le faire crouler.
L'avenir est bien gros, chacun est dans l'attente,
On ne sait en quels lieux on doit poser sa tente,
Afin qu'elle ne flotte à tous les vents du soir.
Qu'est-ce donc que ce siècle où tout reflet est noir ?


Ce n'est pas Bossuet, et ce n'est pas Voltaire,
C'est Caliban, Falstaff, c'est tout Robert-Macaire,

Un charlatan d'esprit colorant de grands mots

L'assassinat, le vol, les plus horribles maux.

C'est une nation et métis et bâtarde

Dans son courant fangeux que toute entrave attarde,

Semblable au baladin, au plus vil histrion,

Qui sait à volonté changer de passion,

Devant toute vertu qui méprise et fait halte,

Préférant à l'honneur le bitume et l'asphalte,

L'atelier où les corps s'étiolent flétris,

Comme dans le taureau d'airain de Phalaris.


L'art succombe partout miné par l'industrie ;

On pave en pierre aride une route fleurie,

Pour faire des leviers on renverse nos bois.

On n'entend plus l'accent du champêtre haut-bois,

Mais en revanche on a le cri de la trompette

Du conducteur qui passe en nous brisant la tête.

Adieu belle féerie, idéal enchanteur,

Le poète est vaincu par le spéculateur.

La lumière du gaz a fait fuir les fantômes,

Les sylphes ne vont plus jouer avec les gnômes.

Notre âme est devenue aride à faire peur !
Et l'on vendrait son Dieu pour un peu de vapeur.
Oh ! la religion, comme un debris, s'inhume,
Le passant n'y voit plus déjà qu'un peu d'écume !

## III

## COUP D'ŒIL.

Poètes, nous disons depuis assez longtemps
Le coucher du soleil, les oiseaux, le printemps ;
Assez longtemps le spleen, le dégoût de tous rôles
Suspendit tristement nos harpes aux vieux saules.
Ces vers sont aussi vieux que les chants affadis
Que Bernis et Dorat ont soupiré jadis.
C'était bon autrefois quand la foudre et l'orage
N'avaient pas sillonné le front du peuple en rage.

Mais quand tout sceptre au peuple apparaît un marteau,
Qu'il y cherche la place où plonger son couteau,

Avec l'autorité quand il a fait divorce,
Qu'il sue et qu'il gémit sous un réseau de force
Courbant sa tête à terre et son âme au néant,
Si bien qu'à la remorque on traîne le géant ;
Jusqu'au fond de son sein, quand ravalant sa lave
Il a soudain dormi du sommeil de l'esclave,
Et que la liberté n'offre plus qu'un tombeau
Où toute tyrannie implante son drapeau,
Et, de sa main de fer, des langes à la tombe,
Marque d'un sceau honteux l'humanité qui tombe,
Ainsi que le boucher met son chiffre au poitrail
Des timides troupeaux arrachés du bercail ;
Quand le siècle à tâtons errant sans y voir goutte,
Ainsi qu'un vieillard ivre ou qu'arrête la goutte,
Chancelle, et pour marcher met les mains devant lui,
Et tombe ne trouvant nulle part un appui.
Quand le flot plébéien sur le trône déferle
N'apportant avec lui que des limons sans perle ;
Que l'avenir obscur, comme l'antique sphinx,
Demeure impénétrable aux plus fins yeux de lynx ;

Quand l'hymen sans amour est un concubinage,

Et que le suicide est la mode d'un âge,

Qu'on regarde le temple au loin comme un beau lieu,

Mais qu'on n'ose pas dire encor : je crois en Dieu;

Quand l'âme à tous les yeux pour se cacher se farde,

Qu'un inventeur d'eau rose, ou de blanche moutarde

Est plus riche et mieux vu que l'homme généreux

Dont la vie et l'argent furent aux malheureux;

Lorsque toute morale est morte sur sa tige,

Qu'on ne respecte rien, qu'il n'est plus de prestige,

Et que pour nous montrer des cœurs audacieux

L'auteur nous mène au bagne, ou dans de mauvais lieux;


Alors, oh! c'est alors qu'on sent vibrer sa tempe,

Qu'on se dit qu'il est beau de rallumer la lampe

Qui jadis éclaira le brûlant Juvénal,

D'aiguiser son stylet sur son livre infernal.

De remonter son luth, tendre plus fort sa corde,

Pour que notre voix fouette, et que notre vers morde,

Pour marquer à l'épaule avec notre fer chaud

Ce siècle si petit, et qui se croit si haut;

Ma poésie à moi n'est plus qu'une espingole,
Et mon vers furieux est la balle qui vole.
Drapez-vous, — c'est cela — dans vos manteaux vainqueurs,
Oh! je n'en atteindrai pas moins jusqu'à vos cœurs.
Je ne suspendrai pas ma lyre à la couronne,
Non, je n'irai baiser les gradins d'aucun trône.
Au poète la plume et le puissant burin
Qui doit percer à jour votre masque d'airain ;
A lui dans sa fureur de jeter dans la boue
Les voiles fastueux du siècle à qui s'en joue ;
De l'attacher debout à l'ignoble poteau,
De lui coller au front son infâme écriteau ;
A lui de vous crier jusqu'à ce qu'il s'enroue :
Arrêtez, lois et Christ sont tombés sous la roue.
A lui donc de saisir les flêches et les clous
Pour clouer d'un bras ferme un carcan à vos cous.

1838

# XXVIII

> Ah ! j'en perdrai la vie
> par la douleur que j'ai.
> E. Scribe.

*A M. Théophile Gauthier.*

## MON ENTERREMENT.

### VISION.

Vraiment cette soirée était resplendissante !
C'était le mois de juin : — la nue éblouissante
    Déployait ses velours d'Utrecht.
Et moi je regardais du bord de ma fenêtre,
De nombreux jeunes gens passer et disparaître,
    Canne à la main, cigare au bec.

Alors sur mes deux mains je m'appuyai la tête,
Et je me dis : ô toi que nul soin n'inquiète,
      Ris, ris dans tes ébats joyeux,
Oh! ris, folle jeunesse! un jour bientôt peut-être,
L'aride ambition qui tous nous enchevêtre
      Plissera ton front soucieux.


Je ne sais pas le sot qui le plus se fourvoie,
Celui qui dans un chien ou du vin met sa joie,
      Dans sa maîtresse et sa beauté,
Ou bien celui toujours que la pensée assiège,
Et qui pourtant ne peut que répondre : que sais-je ?
      Tout est vanité! vanité!


Tout hormis le sommeil... ô douce somnolence,
Que j'aime tes pavots et la calme indolence
      Que tu répands sur tous nos jours.
Toi seule sais guérir l'ennui de notre vie,
Tu suspends l'existence, et c'est pourquoi j'envie
      Ceux-là qui dorment pour toujours.

Le sommeil — il paraît — entendit l'apostrophe,
Il paraît même un peu qu'il trouva cette strophe
    Très jolie et fort à son goût.
Car voilà qu'aussitôt il vient sur ma paupière,
Que l'ombre autour de moi remplace la lumière,
    Et que je m'endors tout-à-coup.


Je vous le dis — vraiment c'est un singulier songe,
Que ce chaos informe où mon âme se plonge.
    Voici ce que je vis alors :
Je promenais autour de l'arbre de ma vie,
Et je n'entendais plus que la feuille havie
    Tomber de ses branchages morts.


Mes amis étaient là, près de mon agonie :
Adieu... disais-je, adieu... ma carrière est finie...
    Priez... ils étaient attendris,
Avec deux pleurs aux yeux, dans leur douleur amère !
Moi, je pleurais sur moi comme la pauvre mère
    Niobé sur ses enfans chéris.

Quand tout-à-coup une ombre à moi seul apparue
Vint me dire : Monsieur, le cercueil dans la rue
  Est là qui vous attend, venez.
Je me lève aussitôt, je revêts mon suaire,
Je descends l'escalier, et je vais dans ma bière
  Coucher mes membres décharnés.


Ce qui me consola dans ma triste disgrâce,
C'est que l'enterrement était première classe;
  Vingt prêtres à chanter l'Ora,
Des cierges, des flambeaux, un beau drap mortuaire!
Pour me désennuyer un peu sous mon suaire
  Moi, je chantais mon Libera.


J'écoutai les passans, et j'entendis l'un dire.
Il aimait bien la fête, il savait boire et rire.
  Oh! c'était un viveur fini.
D'autres : le scélérat eût lancé des fusées
D'ennuyeux vers sur nous en cent gerbes croisées,
  Il est mort, que Dieu soit béni.

Oh ! de si beaux vers ! dis-je, en me grattant l'oreille !
Alors je me sentis en fureur nonpareille
   De courir lui dire : Monsieur,
Vous êtes... et beaucoup d'autres choses semblables
Qui l'eussent interdit. — Allez à tous les diables,
   Les vers vous rongeront le cœur.


Mais je dis : je suis mort, ceci n'est que délire,
Et, la canne à la main, on ne peut pour maudire
   S'échapper de ce linceul-là.
Je chantai de nouveau, mais cette fois la prose
Dont l'air si sublime est — je crois — de Cimarose :
   Dies iræ, dies illa.


D'une eau sainte et bénite on m'aspergea la face,
Je fis, je le confesse, une affreuse grimace,
   Puis me signai dévotement.
Alors les croque-morts soulevèrent ma bière,
Et la procession s'en fut au cimetière
   Où l'on me jeta promptement.

J'espérais bien entendre une oraison funèbre,
Cela m'eût diverti de me croire célèbre.
      Mais j'entendis pour tout discours
Un vieux mort que j'avais dérangé dans sa fosse,
Qui me dit : jeune mort, pourquoi poser ta chausse
      Sur un mort des antiques jours?


Il me fit vers le cœur une atroce morsure,
Je le remerciai, — car par cette blessure
      Je vis mon âme s'exhaler.
Je courus à sa suite, et du divin rivage
Nous vîmes tout-à-coup assis sur un nuage
      Un bel Archange s'envoler.


« Bel Archange, où vas-tu? descends-tu sur le monde,
Pour étancher un peu tout ce sang qui l'inonde
      De tes ailes de séraphin?
Ou bien comme Asraël, armé du cimeterre,
Dieu t'a-t-il envoyé, pour frapper sur la terre
      Le nombreux camp du Philistin? »

« Je ne vais point sur terre, a dit l'ange aux beaux nimbe.
Mais je vais dans un lieu qu'on appelle les Limbes

Inconnu sans doute de toi. »

J'entrai dans ce pays sans payer la douane,
Ses aspects étaient doux comme un tableau d'Albane,

Et l'ange dit : « Ecoute-moi.


Tous ces petits points blancs qui nagent dans l'espace
Sont les âmes, vois-tu, de cette vieille race

Créée avant la loi d'amour,

Ou bien des enfans morts sans le sacré baptême.
Pour qu'elles puissent voir enfin l'Etre suprême,

Elles doivent revivre un jour. »


A ces mots, il emporte une âme sur son aile,
Me sentant défaillir, moi je monte avec elle

Sur le dos de l'ange de Dieu.

Mais lorsque j'arrivai dans le céleste empire,
Tout brillait tellement et d'or et de porphyre,

Que je n'y vis rien que du feu.

Christ, dit le séraphin, je vous apporte une âme,
A terre un enfant vient de naître de la femme,
  Voici l'âme pour l'animer.
Mais l'âme en question : « Pitié, pitié, mon père,
Oh! ne me jette pas à pourrir sur la terre,
  Où personne ne sait aimer.


Tu sais comme au cœur juste ils gardent le supplice,
Puisque toi-même as dit : détournez ce calice,
  Et pourtant on t'appelait Dieu.
Je connais cette terre, assez d'un seul voyage;
Oh! les Limbes plutôt au tranquille rivage,
  Que de m'exposer au grand feu.


Quand je voulais vers toi m'élever le dimanche,
Tout aussitôt mon corps m'arrêtant par la manche
  Me disait : mais où donc vas-tu ?
Il me faisait sauter, m'enivrait d'eau-de-vie,
Si bien que je te dis : Christ, pas de cette vie,
  Où toute âme perd sa vertu. »

C'est à peu près ainsi qu'elle fit sa harangue.
Et puis je commençai, mais dans une autre langue,
  Portant mon âme dans mes bras.
« Seigneur, Seigneur mon Dieu, je voudrais encor vivre,
Car le temps n'a tourné que vingt feuillets du livre
  Qu'en me créant tu me livras.


J'ai laissé sur la terre une mère qui m'aime,
J'ai laissé des parents et beaucoup d'amis même,
  Une belle femme à l'œil noir.
J'ai des petits garçons et des petites filles
Qui m'appellent papa de façons si gentilles,
  Et dix mille vers à revoir. »


Donc le père éternel se levant de son trône :
« Ô toi qui ne veux pas, dit-il, de la couronne
  Que je prépare à mes élus,
Tu sus apprécier les dangers de la vie,
Ame timide et sage, à jamais sois ravie,
  Je ne te tourmenterai plus.

Mais toi, poursuivit-il, âme dans la démence
Qui tiens en ce moment si fort à l'existence
    Que tu sembles porter ton deuil,
Tu veux encor la vie, eh! bien je te la garde,
Mais vois comme ta vie est stupide, et regarde
    Ton corps ronfler dans son fauteuil. »

En effet, j'eus pitié de ma pauvre nature
En me voyant dormir là, dans une posture
    Qui n'était pas belle vraiment.
Mais quoique je parusse ainsi peu romantique,
Pourtant je voulus vivre, et le Dieu magnifique
    Me rendit l'âme en ce moment.

Je la sentis rentrer dans mon pauvre corps blême,
Je m'éveillai : pour voir si j'étais bien le même,
    Je caressais mon menton rond.
Je regardai ma montre, — or, pour voir la demeure
Des Limbes et des Cieux, je n'avais mis qu'une heure,
    Le rêve est un coursier bien prompt.

                                    1839.

# XXIX

> Quoi de plus léger que la paille ? la plume.
> Quoi de plus léger que la plume ? la femme.

## A ELLE.

❖

Je n'avais pas vingt ans ! — C'était là le bel âge,
    Je vous connaissais peu,
Pour moi la vie était un printemps sans nuage,
Et joyeux j'élançais mes pas vers le rivage,
    Et mon âme vers Dieu.

Et je restais souvent pendant la nuit entière,
    Plein de trouble et d'émoi,

Cherchant a soulever le voile du mystère,
En extase devant ce tableau que la terre
  Déployait devant moi.


Les oiseaux me berçaient de notes attristées,
  Comme un dernier adieu,
Les étoiles brillaient au firmament jetées,
De même qu'un collier de perles argentées
  Tombé du sein de Dieu.


Et puis m'apparaissait une douce figure
  Aux regards gracieux ;
Oh ! j'oubliais alors la brillante nature,
Car il me semblait voir en haut la Vierge pure
  Me regarder des cieux.


Une femme, disais-je, oh ! Seigneur, une femme
  Avec ce front divin,
Jette-la-moi des cieux pour réchauffer mon âme,
Comme un rayon brûlant sur un chaume qui pâme
  Au vent froid du matin.

Dis-lui, dis-lui Seigneur : O femme! sois son ange
        Dans cet infime lieu,
Diamant, va briller au-dessus de sa fange,
Et je dirai toujours, en chantant ta louange :
        Merci, merci, mon Dieu.


Je ne sais quel destin alors triste ou prospère
        Te fit voir à mes yeux,
Et je me dis : le ciel exauce ma prière,
C'est elle, c'est son front et sa triste paupière
        Que me montraient les cieux.


Oui, je veux t'adorer, ô ma sainte madone,
        Sans dévoiler mon cœur,
Laissons aller sa vie égale et monotone,
Je ne veux pas jeter l'épine à sa couronne,
        A moi seul la douleur.


Pardon ! — j'ai dit plus tard que vous étiez chérie,
        Comme une douce fleur,
Et qu'en moi toute sève était bientôt tarie,

Si vous n'envoyiez pas à la plante flétrie
    Un rayon de chaleur.


Mais dites au volcan que la lave ravage
    De retenir ses flots,
Un soir chaud de printemps, oh ! dites au nuage
Quand il porte en ses flancs la tempête et l'orage,
    De contenir ses eaux.


Mais ne veuillez pas dire au cœur que l'amour mine,
    Comme un ardent poison,
De ne pas l'exhaler quand il mord sa poitrine,
Et s'attache à ses os, comme une javeline,
    Sur les flancs du lion.


Figure aérienne, ombre charmante et tendre
    Qui toujours me poursuis,
Dis-moi, que me veux-tu ? toujours je crois t'entendre,
Comme un ange du ciel, voltiger et descendre
    Au milieu de mes nuits.

Dis-moi pourquoi toujours ta ravissante image

  Etreint mon âme en feu ?

D'où viens-tu, des enfers, des cieux, de quel rivage ?

Quel destin t'a jetée un jour sur mon passage,

  Est-ce Satan ou Dieu ?


Donc aimer c'est souffrir, c'est une Thébaïde,

  C'est un grand Zahara,

Où je ne trouverai qu'une poussière aride,

Et nulle part d'ombrage et d'oasis limpide

  Qui me reposera.


Insensé que j'étais de croire à l'espérance ;

  Oh ! folle illusion !

Mais maintenant je sais que tout n'est que souffrance,

Et qu'il nous faut écrire au bas de l'existence :

  Mort et déception.

# XXX

## ÉPITRES.

### A MOI.

Je ne sais si ces mots, mon cher, te conviendront.
Tout à l'heure je viens de passer en revue
Ton bataillon de vers dans sa grande tenue,
La rime sur le dos et la césure au front.

Dieu de dieu ! quels soldats ! comme ils lancent l'affront !

Oh ! ma foi, ton armée a la parole crue,

Elle est décolletée et son épaule est nue,

Elle atteint bien des gens ; comme ils t'attaqueront !


Mon cher, dans ton armée il ne règne aucun ordre,

Près d'un soldat qui prie on voit l'autre se tordre.

Tu prêches les vertus en style de démon.


Tout est exagéré, puis sur la même voie

On trouve du Barbier, auprès du Millevoye,

Tout est confus. — Adieu, pardon de ce sermon.

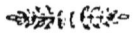

# XXXI

# DE MOI.

### I

Mon cher ami, je sais que bientôt cette foudre
Qu'on nomme la critique ira fondre en éclat
Sur ma timide armée et la réduire en poudre,
Sans laisser échapper peut-être un seul soldat;

Mais à fuir le danger je ne puis me résoudre,
Je ne veux pas du moins expirer sans combat,
J'aurai, comme Cassandre, afin de mieux m'absoudre,
L'honneur d'avoir flétri les vices de l'état.

« Tout est exagéré, » — Mais quand la poésie
N'a-t-elle pas eu droit selon sa fantaisie
Pour arracher l'esprit du sein de sa torpeur,

D'étaler tous nos maux devant votre œil myope,
De grossir leur horreur, ainsi qu'un microscope,
Pour vous faire pâlir et frisonner de peur?

II

« Tout est mêlé, confus, » — Mais c'est là la nature,
Et c'est ainsi que Dieu créa le genre humain,
Près de l'homme opulent ruisselant de parure,
Il a jeté le pauvre expirant par la faim,

Le soleil éclatant près de la nue obscure,
Jésus près de Judas, — C'est là l'histoire enfin,
C'est Achille et Thersyte, et c'est la femme pure
La Desdemone auprès d'Othello l'assassin.

Critiques, hâtez-vous, car peu de temps vous reste,
J'ai lu tantôt encor dans un signe céleste
Que la fin de ce monde approchait promptement,

Il a fini son temps, sa tâche est révolue,
N'entendez-vous donc pas un sourd frémissement ?
Sauvons-nous, tout s'ébranle ! adieu, je vous salue.

# XXXI

> Et tunc videbunt filium hominis
> venientem in nube cum potestate
> magna et majestate.
>> St-Luc *(Chap. XXI.)*

*À Auguste Barbier.*

# TRAGÉDIE DU MONDE.

❦❂❦

> L'heure de la chute des mondes arrive.
> L. BYRON (Christiarn).

## PROLOGUE.

Quand votre esprit errant dans des songes divers,
Comme l'aigle hardi, plane sur l'univers,
Ne vous semble-t-il pas voir le monde qui tombe,
Comme le fossoyeur, lui-même ouvrir sa tombe ?

N'entendez-vous donc pas de confuses rumeurs,
De flots sans cesse émus, de lugubres clameurs,
Comme le craquement d'un navire qui sombre,
Heurtant mille rochers sur cet océan sombre,
Et qui cependant porte à son bord dévasté
Le vaste monument de la société ?

Malheur! nous retournons au temps du Bas-Empire,
Au Bas-Empire avec son poignard qui déchire,
Tout son peuple qui bout, ses révolutions,
Et ses trônes glissans et ses convulsions.

Ne prenez pas, hélas! pour le bruit de la vie
Le bruit de notre râle et de notre agonie!
Notre esprit se consume en efforts superflus,
L'air manque à nos poumons, nous ne respirons plus.

Il est dans tous les cœurs un horrible malaise,
Le monde maintenant fait comme il est nous pèse.
On ne sait où se prendre, on doute du chemin,
Et tout ce qu'on saisit s'écrase dans la main.
Dans la soif d'avenir qui nous brûle et dévore,
On pousse, on se remue et l'on s'agite encore,
Comme si sous nos pas nous sentions s'ébranler
Le sablier du temps tout près de s'écrouler.

Un homme viendra-t-il d'un souffle salutaire
Raviver les esprits, régénérer la terre?
Sur nous dans l'autre siècle, un spectre s'est assis,
Faisant entrer ses os dans nos membres noircis,
Et jetant pour bandage à nos chairs lacérées
Des chaînes et des fers aux pointes acérées.
Et regardez alors dans la fange souillé
Ce peuple qui se rue affreux, déguenillé,
Et qui trouve arrachant la pourpre qui l'ombrage,
Que le rouge du sang va mieux à son visage.

Mais quoique ce pays fut longtemps déchiré,
Ce baptême de sang ne l'a pas reparé.

Puis un de ces héros qu'à genoux l'on encense
Inonda notre front de gloire et de puissance,
Et le baptême, hélas! de ces lauriers vainqueurs
N'a pu rendre la paix et la vie à nos cœurs.

Et l'on croirait encor pouvoir glisser sans peines
Du jeune et nouveau sang dans nos antiques veines,
Que, de même qu'Eson, on peut nous rajeunir,
Et vous avez encor foi dans notre avenir!

Oh! c'est vraiment pitié que cette pauvre terre
Qui prend dans son orgueil pour la pure lumière
L'étincelle de feu qui jaillit d'un pavé,
Ou quelques feux follets d'un limon soulevé;
Pour hochets, dont la plèbe a pu jouer sans crainte
De se sécher la main de fange tout empreinte,
Des couronnes de rois qui tombent en creusant
Des abimes profonds qu'on comble avec du sang;
Qui croit enfin que c'est une œuvre libre et belle
Que de lancer sans mors la cavale rebelle,
Dût-elle sur la pierre, en ses bonds indomptés,
Ecraser de ses fers nos fronts épouvantés!!

Pleurons. — Vous voyez bien déjà qu'elle agonise,
Qu'elle en est arrivée à sa dernière crise,
Que sa lampe s'éteint, qu'on peut sonner son glas,
Que sa vieille couronne est tombée en éclats,

Qu'il est écrit : assez sur son front rouge encore.
Mais que la maladie et la fièvre colore.

Le monde maintenant ressemble à ces châteaux
Qu'on croit voir resplendir d'étincelants métaux,
Mais qu'on veuille toucher à leur riche tenture,
On la verra soudain tomber en pourriture ;
Mais qu'on veuille marcher sur ces riches lambris,
Et marbres et plafonds ne sont plus que débris.

Ainsi de toutes parts la société croule
Sous les germes de mort que l'avenir nous roule ;
Car ce point éclatant où s'attachent vos yeux,
Qui neige l'horizon, comme un astre des cieux,
Ce n'est pas la splendeur d'une aube qui nous touche,
Mais les cheveux blanchis du vieillard qui se couche....
Non, ce n'est pas l'aurore à l'horizon qui luit,
Mais le dernier rayon du soleil qui s'enfuit !!
Nulle part sous nos yeux d'arbustes qui fleurissent,
Rien que le triste aspect des fleurs qui se flétrissent,
Toujours le pâle automne, et jamais le printemps...
Oh ! la terre a séché sous l'empreinte du temps !!

Où marchons-nous, grand Dieu, que deviendra le monde.
Géant qui sait détruire et qui jamais ne fonde ?

I

> Il n'y a rien dans le ciel de plus doux
> et de meilleur que l'amour.
>
> *(Imitation de J.-C.)*

L'AMOUR.

Or donc voici qu'un jour que ce penser profond
Palpitait dans ma tempe et me battait le front,
Comme l'aiglon quittant le nid qui le recèle
Bat, s'élançant aux cieux, le rocher de son aile,
Devant moi je crus voir un cadavre couché,
Vivant encore un peu, mais vieux et desséché.

Et je le reconnus : — c'était bien là la terre
Telle qu'on doit la voir à son heure dernière.
Les mondes haletant sous le poids de leurs maux
Vacillaient sur leurs gonds, comme au temps du chaos,
Et puis au-dessus d'eux une voix effroyable
Tonnait : malheur, malheur à la terre coupable !
Telle jadis Solyme, à son dernier effort,
Entendit une voix tonner trois jours : mort, mort !
La terre en vain s'attache à ce qui l'environne,
Tout lui vient à la main aussi vite qu'un trône....
L'or, comme un cauchemar, l'opprime de son poids,
Alors elle cria d'une plus douce voix :
Amour, ô toi qui seul peux adoucir nos âmes,
Viens réparer nos cœurs par tes célestes flammes.


Et l'Amour répondit : « vers toi je suis venu,
Mais sourde à mon appel tu ne m'as pas connu,
Je voulus ranimer ta pauvre âme flétrie,
Car pour tout cœur humain l'amour c'est la patrie ;
Mais dans tes lupanars infects tu m'as vautré,
Mais tu m'as fait rugir dans l'orgie enivré,
Et, les cheveux épars, jurant et les yeux rouges,
Saisissant en fureur la fille dans les bouges,
Et puis vous la passant dans les mains tour à tour,
Hommes, vous avez dit : voilà, voilà l'amour !
Ils ont pesé combien d'une vierge qu'on livre,
La chair rose et d'albâtre aujourd'hui vaut la livre,

Et calculant l'amour en comptant leur trésor,
Ils ont cru que l'amour se vendait pour de l'or.


Pour fuir la pauvreté, par un commerce infâme,
La mère vend sa fille, et le mari sa femme,
Et chacun, en voyant les minois les plus beaux,
Se dit : elle est à moi pour un schall de Ternaux.
Ce n'est plus qu'un jouet, un hochet qu'une fille,
Bijou plus ou moins cher, selon qu'elle est gentille,
Qu'un homme quelque temps prend pour s'en amuser,
Et qu'il brise bientôt, quand il va s'en lasser.
La fille de seize ans, c'est une ferme à prendre
Qu'on affiche à louer ou qu'on affiche à vendre,
L'animal curieux au front du quel je lis :
Cet animal se montre à tous pour un louis.
Sur les pauvres grabats, les riches ottomanes,
Je n'ai trouvé partout rien que des courtisanes,
Des femmes sans amour, des hommes avinés,
Des baisers sans pudeur, des fronts enluminés.


La physiologie est leur seule nature,
Ils ont perdu l'amour, mais ils ont la luxure.
Leur corps ne frémit plus, il se roule, il se tord,
Leur bouche délirante, au lieu de baiser, mord.
Ils ne soupirent plus, mais leur poitrine râle ;
Leur main ne presse plus, elle étreint ; leur front pâle
Ne calme plus, il brûle ; au lieu de s'épurer,
Dans cet amour impur l'âme va s'enterrer.

Et ceux que par hasard la jalousie oppresse
Pour mieux se séparer égorgent leur maîtresse,
Et cela sans remords et sans crainte, au grand jour,
Rien que par vanité, par rage et sans amour.
Adieu donc maintenant, adieu les sérénades,
L'échelle de satin, les douces promenades,
Les mots : je t'aime, dits d'une tremblante voix,
Et les baisers secrets donnés au fond des bois.
On ne se cache plus, sans crainte on se découvre,
On entre par la porte, et le mari vous ouvre,
Mais comme il sait bien vivre et qu'il a des égards,
Il vous laisse aussitôt comprenant vos regards.


Quel amour que le vôtre : amour d'ogre revêche
Qui se met à sourire en sentant la chair fraîche,
Amour du libertin qui gorgé tout le jour
Au fond du verre vide a cru trouver l'amour !
Mais, non, je ne suis pas la Messaline immonde
Dont les déportemens étonnèrent le monde.
Je suis la jeune fille au nimbe radieux
Qui semble descendu de la sphère des cieux,
L'enfant au cœur naïf, dont le front se nuance
Pour une main pressée, un mot, une espérance.
Mais qui lorsque son cœur s'est enfin enflammé,
Sait sacrifier tout pour un amant aimé.
Et quand à mon amant je livre mon cœur même,
Je ne vais point crier : voyez comme l'on m'aime,

Mais le poète doit me dérober aux yeux
Sous un nuage épais, comme les anciens dieux.


Oh! mes enfans que j'aime, ô mes blanches figures,
Reflets du paradis, auréoles si pures,
Qu'autrefois j'animais avec mon souffle saint,
Et que je recueillis, réchauffai sur mon sein,
Vierges de Raphaël, doux anges que vous êtes,
Vierges du Titien aux gracieuses têtes,
Corinne au chant si doux, Corinne au cœur de feu
Inspirée à la fois par l'amour et par Dieu,
Pure et sainte Julie, ô beau cygne d'Etange
Qui passas sur la terre, ainsi que passe un ange,
Oh! Paul et Virginie amants trop malheureux,
O Chactas, Atala mes deux beaux amoureux
Que le poète un jour dans un céleste songe,
Fit descendre des cieux par un brillant mensonge,
Je crie en vain : enfans, qu'êtes-vous devenus?
Personne ne répond, nul ne vous a connus.
Vous entourant trop tôt de vos voiles mystiques
Vous êtes remontés aux séjours des cantiques,
Sans laisser échapper de vos couronnes d'or
Quelques fleurs ici-bas pour nous charmer encor.
Voilà pourquoi j'étouffe et que délaissé j'erre
Seul, perdu dans ce monde, ainsi qu'une étrangère,
Car ici-bas, hélas! on ne m'a pas compris,
Je ne recueille plus que honte et que mépris.

Pourquoi, dites-le moi, fils ingrats de la terre,
Avez-vous oublié notre voix salutaire ?
Et pourtant vous avez encor comme autrefois
Des bocages sacrés, de délicieux bois,
Et vous pouvez encore entendre l'alouette
Qui réveilla l'amant aux bras de Juliette.
Vous pouvez solitaire errer le long des flots
Où Jean-Jacques Rousseau fit voguer ses héros,
Ou vous entretenir tristement avec l'ombre
D'Héloïse pleurant dans sa cellule sombre.
Vous avez la mandore aux accens enchanteurs,
Les berceaux d'orangers et leurs douces senteurs,
Vous avez le soleil et les tièdes soirées,
Et la brise enivrante et les voix adorées
Qui murmurent encor dans votre cœur : aimez.
Pour vous, j'ai dit aux fleurs, aux parfums : embaumez
La nature et les airs d'un baume intarissable,
Herbe, fleuris, ruisseaux, murmurez sur le sable,
Et pourtant je n'ai point entendu mes amans
Sur la rive épancher leurs tendres sentimens.


En vain j'ai parcouru cette planète immonde,
J'ai voulu m'enfoncer au fond du nouveau monde,
Je m'assis sous l'érable où s'asseyait Chactas,
J'ai dit : Meschacebé, ne me direz-vous pas
Les accens qu'autrefois entendit votre rive ?
Rêve que tout cela ! nulle voix ne m'arrive !

Le Capitole aussi ne redit plus ces chants
Que Corinne envoyait autrefois si touchants,
Et le soleil du soir de sa lueur mourante
N'éclaire plus le front de Corinne expirante.
Rocs de l'île de France, ombre des bananiers,
Cascades et tamarins, fleuve des Lataniers,
Entendez-vous encor la voix de Virginie,
La tempête et les vents tinter son agonie ?
Paul ne se jette plus dans la mer en fureur,
Et l'écho des rochers ne dit plus sa terreur.
De partout maintenant une clameur s'élève :
Vanité que l'amour, oh ! rêve, rêve, rêve !
Aussi l'ombre indignée et pâle de Saint-Preux
A quitté Meilleraye et ses séjours heureux.

Je ne vois plus au lieu de ces gracieux types,
Que des cœurs corrompus de femmes sans principes,
Traitant les sentimens de sottes visions,
Ecrasant sans pitié toutes illusions,
Des Viragos enfin qui marchent effrontées
Sur la vertu, la foi proscrites, insultées.
Et sans moi cependant tout lien est grossier,
Moi seul comme le feu sais tout purifier,
Sans mon souffle tout cœur se flétrit et se pâme,
Comme un lis oublié sur le sein d'une femme.

Donc m'élançant aux cieux j'ai laissé dans vos mains
Mon manteau trop longtemps souillé dans vos chemins.

Tu m'as calomnié, tu t'es trompée, ô terre,
Car j'ai la foi pour sœur, et la vertu pour mère,
Et je n'ai de baisers chauds et passionnés
Que pour les cœurs croyants du ciel illuminés.
Et toi, tu ne crois rien, tu m'appelles un songe,
Et la religion un stupide mensonge.
Des hommes ont tari de leur rire moqueur
La croyance et l'amour qui t'inondaient le cœur.
Ils ont, les insensés! dans leur horrible fièvre,
Ajusté de leurs dards, comme on ajuste un lièvre,
Tout ce que jusqu'alors on avait encensé,
Jusqu'à ce qu'enfin tout ait tombé renversé.
Ils ont de la vapeur de leur épaisse haleine
Obscurci le miroir si pur de l'âme humaine,
Eteint son seul flambeau, commis l'assassinat!
Oh! ce n'est que le corps que tue un scélérat,
Mais ici c'est bien pis ; — ces sophistes infâmes
Ont du peuple en riant assassiné les âmes.
Et se sont applaudis, ainsi que le bourreau
A qui bien cher l'on paie un coup de son couteau...

Or, pour tous vos forfaits, soyez trois fois maudite,
Engeance empoisonnée! — Et toi donc que je quitte,
O terre, cherche ailleurs qui réchauffe ton corps,
Adieu, je ne suis pas le sombre dieu des morts. »

II

> Quels abus, quels mécomptes nous trouvons dans notre pauvre science.
>
> MONTAIGNE *(Essais, ch. XII, liv. I)*.

> Une légère philosophie peut conduire à méconnaître l'essence première, un savoir plus plein mène l'homme à Dieu.
>
> BACON *(Liv., V)*.

## LA SCIENCE.

Et l'amour s'envola de cette affreuse voie,
Comme autrefois les dieux de la flamme de Troie.
Mais pendant qu'abattu, l'œil en pleurs, l'univers
Regardait le sillon de son vol dans les airs,
Il vit fuir la Science étincelant génie
Emportant sur son sein les arts et l'harmonie,
Ainsi que des jumeaux qu'une mère offre aux cieux
Pour que Dieu rende un jour leurs destins glorieux.
A sa vue un éclair frappe le front du globe,
Il se lève effrayé tout droit, — et par sa robe

Arrêtant la Science en son céleste vol,
Un moment il l'abaisse encore sur son sol.
« Vous aussi vous voulez quitter cette demeure !
Vous avez dit : partons, et que la terre meure,
Tout fuit le malheureux ! — et plus il a besoin
Qu'on le secoure un peu, moins il trouve de soin
Oh ! par cette alliance à qui je sacrifie,
Ne fuis pas loin de nous, sainte philosophie;
Pour toi j'ai dans tous lieux dressé plus d'un autel,
Brûlé l'encens pour toi comme pour l'immortel,
J'ai fouillé pour toi seul archives et grimoires,
Ainsi qu'un Séraphin, je te parai de gloires,
J'ai soumis à tes pieds et la terre et le feu,
Et je t'ai courtisée, et je te fis mon Dieu.
Reste, et nous construirons plus de chaires encore,
D'où tu puisses parler au monde qui t'adore,
Et nous rallumerons le feu dans nos fourneaux,
Nous percerons le sol dans ses obscurs canaux,
Pour que sondant ainsi sa profonde mamelle,
Nous en puissions tirer les secrets qu'il nous cèle.
Toi, poète, pourquoi te plains-tu donc ainsi ?
N'avons-nous pas des fleurs et des femmes aussi ?
Reste, et je te noierai dans l'éclat des étoiles,
Et j'aurai pour vous, arts, des oiseaux et des toiles. »


Mais le groupe pâlit, et s'écria : «Laisse-moi,
Moi-même en ce moment je frissonne d'effroi.

Tout-à-l'heure qu'en haut je plongeais mon visage,
Je viens de voir debout au milieu d'un nuage,
Le grand prophète Elie, ainsi qu'à nos aïeux
L'ont prédit autrefois les apôtres des cieux.
Une barbe d'argent caressait sa poitrine,
De ses yeux jaillissait une flamme divine.
Un des pieds sur le sol et l'autre sur les mers,
La tête dans les cieux, il crie à l'univers :
Me voici revenu, Babylone nouvelle,
Tu méprisas mes saints et les jouas comme elle.
Le monstre qui te tient ne revomira pas
Ton corps après trois jours, comme autrefois Jonas.
Car le Seigneur Dieu dit : confonds dans ton passage
Le savoir des savants, la sagesse du sage.
L'arbre de la science est l'arbre de la mort,
Il tue, ainsi qu'Adam, tout homme qui le mord.


Terre, tu vois donc bien que je n'ai pas la vie !
C'est que voilà cent ans, au démon asservie
Tu m'accoudas de force aux festins de d'Holbach,
Là, tu m'as enivré, nommé chef de ce sac
De toute chose sainte et de toute croyance,
Qui dans le dernier siècle a dévasté la France.
Tu transformas la muse en tigre rugissant,
Tu trempas mon stylet dans la fange et le sang.
Dans tout écrit d'alors l'impiété renifle,
Le blasphême partout fait grand fracas et sifle,

Et, comme une verrue, à tout livre vanté
Vient s'attacher le ver de l'incrédulité.
Dès qu'ils sentaient en eux une idée immortelle,
Ces auteurs effrayés bientôt lui coupaient l'aile,
Et la pensée au sol brisait son noble effort.
Enfin ils ont tant fait qu'ils enfantent la mort !
A leurs voix Julien et Luther applaudirent,
On immola des rois, les autels s'abattirent,
Et j'entendis au fond du temple dévasté
Un grand cri retentir : vengeance, éternité !...


Lassé d'être sali dans tant de lieux infimes
Enfin je m'éloignai pour jamais de tes crimes,
Et vers toi de nouveau si je suis descendu
C'est à l'accent plus pur que j'avais entendu
S'élever de tes bords vers le souverain maître
Avec Châteaubriand, de Bonald et de Maistre.
Ces hommes-là semblaient avoir reçu de Dieu
Sur leur front rayonnant un saint éclair de feu.
On eût dit qu'ils avaient aperçu dans la Grèce
Assis à Sunium le roi de la sagesse,
Ou qu'ils avaient parlé sur le mont du Carmel
Aux prophètes divins du peuple d'Israël.
Ainsi que tout-à-coup, lasse d'un long voyage
La caravane voit dans le désert sauvage
S'élever trois palmiers qui puissent l'abriter,
Au détour de ce siècle ainsi l'on voit monter

Ces hommes vers le ciel, et passant de la tête
Tout ce siècle nouveau dont ils semblent le faîte.

En vain d'autres parfois veulent les imiter,
Sous le plus pur esprit qu'ils tentent d'affecter,
On voit des tons de chair, et la matière perce,
Et l'on sent que l'auteur dans son ouvrage berce
Un enfant étranger et qui n'est pas à lui,
Ainsi qu'une nourrice allaite un fils d'autrui.

Quel siècle a donc jamais vu la littérature
Si pauvre qu'aujourd'hui, si loin de la nature?
La vieille pour qu'on croie à ce qu'elle n'a pas,
Elle se fait des seins, elle se fait des bras,
Couvre sa nudité d'un manteau d'hyperboles,
De figures sans fin, de synecdoches folles.
La fausse métaphore à tous ses traits reluit,
Mais ôtez-lui cet art, tout en elle est détruit.
Dans ses membres tout suc en pituite se change,
Son estomac pourri perd tout ce qu'elle mange.
Les uns font du laurier du Parnasse un bouchon,
D'autres font un hibou du cygne d'Apollon.

On a pour conserver les célèbres mémoires
Une société de faiseurs de mémoires,
Se proclamant partout Colomb du manuscrit,
Qui dès qu'un homme illustre et haut posé périt,
Trouvent chez lui toujours de précieuses pages,
Des documens exacts, et d'inédits ouvrages,

Et les voilà bientôt imprimant sans remord
Mille insensés discours sous le nom de ce mort.
Tantôt on fait voguer notre littérature
Salée et goudronnée, ayant la *calenture*,
Sur *tribord* et *babord* et sur les *kakatois*,
On *hisse la misaine* en d'étranges patois.

Ou l'on tourne à l'envers l'histoire révolue,
On la hache, et chacun croit avoir la berlue
Devant tous ces noms faits à coups d'H et de K,
Qu'on nous jette aux yeux avec tant de fracas.
Le poète miaule et les députés raillent,
Le philosophe rit, et les avocats braillent.
Et ces nains qui seront bientôt évanouis
Traitent de haut en bas le siècle de Louis.

Pascal était un fou, Corneille sans audace
Ne sait point affronter les aigles du Parnasse.
Oh! Corneille, Pascal, si vous les aviez vus,
N'eussiez-vous pas frappé ces esprits dépourvus?
Eussiez-vous donc permis à ces rauques cigales,
D'égaler leurs chansons à vos œuvres royales?
Comme je me sentais au large parmi vous!
Tout était pur et fort, tout souffle m'était doux!
Parfois au monde il faut de ces têtes puissantes
Pour soutenir des cieux les voûtes fléchissantes!
On voyait que l'esprit de Dieu vous échauffait,
Dans vos œuvres combien tout est simple et parfait!

Vous pensiez que vingt ans de travail dans votre âge
N'étaient point trop alors pour polir un ouvrage.
Aussi vos chants divins ne sont point ampoulés,
De même que nos vers mal cousus, mal collés.

Mais vous autres faiseurs de livres à douzaine,
Grands baladins du siècle, auteurs que l'argent mène,
Vous brochez chaque jour une page pour Dieu,
Une page à Satan, il vous importe peu !...
Esclaves du public, le monde qui vous paie
Fait de vous ce qu'il veut pour un peu de monnaie;
Vous semblez composer sur la cuve d'un fût,
Si bien que chacun dit : cette muse est en rut !
Tantôt flattant les rois, tantôt la populace,
Le vice dans vos vers s'admire et se prélasse.

Auteurs, le beau du crime est assez rebattu,
Demandez des accents plus purs à la vertu.
Allez, allez fouiller au fond des Thébaïdes,
Résuscitez encor ces martyrs intrépides,
Qui louaient le Seigneur dans leurs divins élans,
Ces hermites bénis avec leurs cheveux blancs,
Assis sous le palmier, noyés dans la prière !
N'entendez-vous donc plus dans la nature entière
Sous l'ombre de la nuit, où le soleil de feu,
L'onde, l'oiseau, l'enfant vous crier : louez Dieu?
N'entend-on plus David préluder sur sa lyre,
Le Liban soupirer et le Cédron bruire?

Les saules du Jourdain n'offrent-ils que des troncs,
Ne respire-t-on plus les roses de Sarons ?


Poète, si tu veux que j'accorde ta lyre,
Abandonne ce monde impie en son délire,
Viens te réfugier bien plutôt avec moi
Au moyen-âge époque et d'honneur et de foi ;
Peins-moi ces chevaliers armés du cimeterre,
Avides de combats qui parcourent la terre,
Pour défendre et sauver la veuve et l'orphelin,
Et que ma Cervante au sourire malin.


Donne à ce pélerin un bâton, une gourde,
Un soleil dévorant, une atmosphère lourde,
Rase-lui les cheveux, ôte-lui ses souliers,
Dans ce désert brûlant ne laisse aucuns palmiers,
Jamais une oasis, toujours, toujours le sable !
Fais souffler le simoun et sois inexorable,
Laisse croître sa barbe en désordre et sans art,
Et remplis-la de cendre épandue au hasard.
Puis renverse aussitôt l'Europe sur l'Asie,
La croix sur le croissant, Allah sur le Messie,
Et barde-moi de fer ces corps que rien n'émeut,
Et fais-les tous crier : Dieu le veut, Dieu le veut !


Ou va dans la campagne, entre dans la chaumière,
Là, tu verras la mère épandre sa prière,

Et ses petits enfants répondant à la fois
Agenouillés auprès d'une madone en bois.
Puis tu distingueras une voix moins vibrante,
Celle du vieil aïeul affaiblie et mourante.
Autour de son grabat sont ses enfans pieux,
Et lui s'endort et meurt en leur montrant les cieux.

Poète, si tu veux que près de toi je reste,
Tu peux peindre une ville atteinte de la peste,
Les mères et leur deuil et leur affliction.
Pour calmer Dieu commande une procession :
Alors à tous ces murs donne des bonnes vierges,
Des hymnes à ces voix, et dans ces mains des cierges,
Fais à la fois hurler avec de grands éclats
Ces cloches un moment oublieuses du glas,
Pare l'enfant de chœur d'aubes blanches ou roses,
Remplis incessamment ses corbeilles de roses
Et d'un encens nouveau remplis les encensoirs,
Pour recevoir le Christ dresse des reposoirs.
Puis traîne à ce spectacle enfans, femmes, malades,
Paves-en les chemins, poudres-en les arcades,
Colles-en sur les toits, et qu'entassé, pressé
Tout cela crie à Dieu : parce, parce, parce !
Soudain un labarum paraît dans le nuage,
Et la vierge d'un mot a dissipé l'orage.

Comment donc, ô poètes, alors que vous voyez
Des spectacles si grands étalés à vos pieds,

Et que le Christ murmure encore à vos oreilles,
Des paroles d'en haut, de sublimes merveilles,
Que le génie enfin se grave à votre front,
Comment nager ainsi dans la honte et l'affront,
Se plaire à patauger dans le sang et la fange,
Lorsque l'on peut gravir aux demeures de l'ange,
Tendre les mains aux cieux et chanter dans son cœur
Les accents éternels du séraphique chœur?

Pourquoi soi-même aller tinter les funérailles
Et pourquoi se remplir tous les cheveux de pailles,
Se charger à plaisir et de gaîté de cœur
L'âme de désespoir, l'estomac de liqueur,
La bouche de jurons et d'atroces blasphêmes?
Pourquoi donc enfiévrer ainsi tous ces fronts blêmes,
Nous traîner aux cachots et fermer les verroux
Sur le crime qui veille et qui hurle en courroux,
Vanter l'impiété dans de froides harangues,
Bâtonner la syntaxe et cravacher les langues?

Donc lavez-moi ces mains où dans plus d'un endroit
Le sang se coagule entre l'ongle et le doigt,
Eloignez de mes yeux aussitôt, je vous prie,
L'assassin, le bourreau, la victime qui crie,
Et tâchez d'assainir votre drame qui sent
Le tabac, l'eau-de-vie et le cadavre en sang.
Bien vite rattachez ces cheveux en désordre,
Arrachez-moi ces dents qui veulent toujours mordre.

N'appelez pas à vous pour un rien les bourreaux,
Demandez aux geôliers grâce pour vos héros,
Donnez-leur de la paille et de la nourriture,
Brisez ces chevalets instruments de torture,
Enterrez bien vos morts et que tout soit fini,
Qu'on change le poison dans un encens béni,
En calice sacré cette coupe funeste,
Et ce poignard enfin en crucifix céleste.

Dites à ce cachot, sois temple, il le sera ;
Dites au prisonnier : bénis, il bénira ;
A cette rauque voix qui hurle et qui nous lèse :
Chante, elle chantera l'hymne de Pergolèse.
Et cessez de cacher le fer sous le manteau,
Que vos tableaux soient purs, dignes du Giotto,

Cela vaudrait autant que de tirer à vue
Sur l'effet du poignard, sur la mort imprévue,
Que d'appeler à soi les plus adroits tailleurs,
Les satins, les bijoux et les fards les meilleurs,
Que de dire : je veux que ma reine éblouisse,
Car pour que l'on m'accueille et qu'on se réjouisse,
J'espère beaucoup plus dans ces décors divers,
Que dans mon faible drame et dans mes faibles vers.

Ainsi dit le poète, ainsi fait le poète,
Ainsi la poésie est une humble sujette.
Il semble que Moïse avançant dans le feu,
Sur le mont Sinaï conversant avec Dieu,

Serait un peu plus beau que vos chants d'Andalouses
Qu'une rime éternelle a faites si jalouses,
Que Venise la belle et son conseil des dix,
Ses lagunes, ses plombs et ses cachots maudits,
Ou que l'Escurial et la vieille Grenade
Que vous rimez toujours avec la sérénade ?
Il semble que Jérôme au milieu des déserts
Luttant, comme Jacob, contre un spectre pervers,
Que les élans sacrés d'une sainte Thérèse,
Vaudraient la Marion du temps de Louis treize,
Les assassins de Nesle, ou bien la Lélia,
Et qu'on aimerait mieux Vincent que Borgia ?


Vous qui savez encor des sons des saints cantiques
Et que j'ai couronnés des lauriers poétiques,
Toi, mon cher philosophe, à qui menant la main
J'ai fait toucher la plaie ouverte au cœur humain,
L'esprit indifférent que sur tous l'on voit fondre,
Sous le souffle duquel toute la foi s'effondre ;
Et toi, poète aimé, dont la religion
Inspirait autrefois la méditation,
Lamennais, Lamartine ô sublimes génies,
Renouvelez encor vos saintes harmonies.
Quels fantômes nouveaux vous vois-je ainsi saisir ?
Vous sembleriez errer et vous perdre à plaisir !
Revenez aux pensers de vos premiers ouvrages
Qui surnageront seuls sur l'océan des âges !

Faust, Manfred, dites-moi, vous tous dont le savoir
Accrut si fort jadis l'esprit et le pouvoir,
Ne tombâtes-vous pas des champs de la science,
Pour avoir rejeté l'aile de la croyance?
Dans tous ces jours perdus avec votre démon,
Trouvâtes-vous jamais l'anneau de Salomon?
Le livre le plus beau n'est-il donc pas la Bible
Inspiré du Seigneur par son souffle infaillible?

Oh! l'Hercule chrétien du sol soulèvera
Les enfants de la terre et les étouffera,
Si relevant le temple, au fond du sanctuaire,
Monde plus sage enfin, tu ne places ma chaire.
Terrasse sous tes pieds, comme l'ange Michel,
Le dragon des forfaits qui te verse son fiel,
Afin que près d'Ausone, et près d'Apollinaire
Je fasse de rechef apparaître à la terre
Un saint Jean Chrysostôme, ou bien un Augustin,
Pour que de mon haleine en ravivant ton sein,
Comme le Christ de Dieu, moi-même je m'écrie :
Non, elle n'est pas morte, elle sera guérie.
Comme la Madeleine implorant le Sauveur,
Dis-lui : je me repens, et prie avec ferveur;
Alors viendra peut-être un ange de lumière
Qui loin de ton tombeau repoussera la pierre ! »

Mais plus sceptique encor que l'apôtre Thomas,
Le monde râla : non ! car il ne croyait pas....

## III

> Les hommes s'entretuent sans se haïr, le comble de la gloire et le plus beau des arts a été de se tuer les uns les autres.
> BOSSUET *(Disc. sur l'Hist. Univ.)*

## LA GUERRE.

On entendit alors le bruit d'un sol qui tremble,
Et les hommes pâlis se regardaient ensemble,
Et se disaient entre eux : « Oh ! nous agonisons,
L'éternité pour nous frappe ses derniers sons !
Que ferons-nous ? quel bras la voyant abattue
Peut de l'humanité relever la statue ?... »
« La guerre et les combats, ont crié quelques voix,
Que la guerre et la gloire aujourd'hui soient nos rois ! »

La guerre répondit par un coup de tonnerre,
Et bien loin de son front rejetant le suaire,
Apparut s'appuyant sur la gloire sa sœur,
Un canon dans les mains, un laurier sur le cœur,

Et soudain s'écria d'une voix indignée :
« Te tairas-tu bientôt, ô vieille rechignée,
Terre qui ne sais plus que pleurer et gémir,
Qui, quand je t'ai dit : marche, as semblé t'endormir.
Infamie et malheur à ta race qui grouille,
Ainsi qu'une vermine au milieu de la rouille!

Voilà treize ans bientôt que je criais encor
A ton fils premier né : France, plus de discord,
Cesse de soulever les pavés de tes dalles,
Et de crier semblable aux poissardes des halles,
Allons, mes favoris, bandez plus fort vos cœurs,
Voyez-vous pas là-bas la palme des vainqueurs?
Jeunes hommes, courez, courez à la frontière,
Voici votre mousquet, et la lance guerrière;
Mais, comme la grenouille en révolte dans l'eau,
France, t'es-tu nommé pour chef un Soliveau,
Que, comme une araignée en sa toile tapie,
Au lieu de marcher haut je te vois accroupie,
Comme un enfant sans poil, criant : la paix, la paix!

Le monde se leva, se regarda de près,
Puis se rassit soudain ; tels on voit deux vieux dogues
S'approcher hérissant leur dos comme des bogues,
S'observer inquiets, se menacer grondants,
Et s'enfuir n'ayant pas de crocs pointus aux dents.
Insensé, quand partout les hommes se coudoient,
Sur toutes tes faveurs, comme une meute, aboient,

De ne pas me livrer ces marmots amaigris
Qui grimpent tous sur toi sucer tes seins taris,
Afin que les frappant je tranche avec mon glaive
Les membres courompus, ne laissant que la sève.


Quand seule j'eusse alors pu te régénérer,
Et raviver ton âme et te désaltérer,
Comme une eau pour tes sens enivrante et trop forte,
Tu refusas mon bras, me jetas à la porte,
Et prodiguant l'injure alors tu m'appelas
Furieuse, cruelle, et bien loin m'exilas.
Assez, assez enfin de honte et de défaite,
Maintenant je me venge et relève la tête ;
Je t'exterminerai comme le monde ancien
Quand m'ayant repoussée il n'eut plus mon soutien,
Quand demandant secours à l'étalon barbare,
Du feu de ses naseaux je le brûle et répare.
Mais alors je pouvais te revivifier,
Car j'avais place au nord où me réfugier.
Aujourd'hui pas un peuple où poser ma pensée,
Je reste toujours seule en tous lieux délaissée.
Plus de champs de bataille où marcher et frémir,
De cadavres meurtris où s'étendre et dormir.
Plus d'averses pleuvant des têtes et des balles,
Oh ! plus de sang à boire en écoutant des râles !
Oh ! terre, si tu veux la vie et le bonheur,
Rends-moi mon empereur, rends-moi mon empereur !

Car j'étais savez-vous sa plus douce maîtresse,
Je le baisais au front avec tant de tendresse!
Nous couchions sur l'Europe ensemble tous les deux...
Ensemble nous rêvions de combats hasardeux,
Et puis, quand le matin, il appelait sa troupe,
Nous chevauchions ensemble, il montait sur ma croupe,
Du coude en galopant il effleurait les rois,
Et je les voyais tous s'abîmer sous ce poids.
Devant la majesté de sa terrible face,
L'univers interdit disparaît et s'efface.


Quand le monde eut brisé ce corselet d'airain,
Il s'inclina bientôt ayant perdu son frein,
Comme un faible arbrisseau que surcharge la pluie
Ploie et tombe en perdant le rameau qui l'appuie.
Louis quatorze un jour sortant de son cercueil,
Avait dressé son front brillant d'un noble orgueil,
Il s'était écrié : Malheur! la France tombe;
Et ramassant au fond de sa royale tombe,
La puissance, la gloire et l'honneur du pays,
Qu'avec lui ce monarque avait ensevelis,
Il jeta sa couronne et son glaive à la France,
Disant : Voici la gloire et voici l'espérance.
Allez, je vous regarde. — Un homme se trouva
Capable de l'entendre et qui les releva.
Le glaive et la couronne au héros rien ne pèse;
Sous les armes d'Achille il s'avance à son aise,

Comme Louis quatorze, il frappe l'univers
Du bruit de ses exploits, du bruit de ses revers;
Mais comme il était, lui, le premier de sa race,
L'Europe ne voulut lui faire aucune grace.
Et puis, quand il eût pu remonter sur ses chars,
Il y fut enrayé par d'insensés bavards
Qui, chargeant sottement mon beau lion d'entraves,
Aidèrent, eux aussi, la chûte de mes braves.
Maintenant sa couronne et son fer, les voilà...
Mais qui de vous pourrait porter ces armes-là ?
Que sont, pour ce fardeau, vos débiles épaules,
Dites, que puis-je faire avec ces corps de saules ?


Aussi, depuis ce temps, je n'ai sur aucuns fronts
Pu rattacher encor mes illustres fleurons;
Depuis que vous jouez à ce jeu de la Charte,
Vous avez beau mêler, faire sauter la carte,
Vous n'avez retourné que d'ignobles valets;
Et, comme le crétin quittant ses chevalets
Sent sa taille bientôt qui décroît et qui baisse,
L'Europe depuis lors de plus en plus s'affaisse.
La gloire m'a crié : monte sur la hauteur,
Regarde autour de toi, ne vois-tu rien, ma sœur?
Et je n'ai découvert nulle horde guerrière
Accourant à mon aide à travers la poussière.
On me ravit enfin jusqu'aux pauvres duels
Qui parfois amusaient mes loisirs habituels,

Donc bien vite brisez vos lames de Tolède,
Ne faites plus venir le bon fer de la Suède,
Dites, qu'en feriez-vous avec ces faibles mains?
Oh! vous l'aviliriez à paver vos chemins;
On exile aujourd'hui le poignard et la lame
Auprès des boulevards, dans quelque méchant drame,
Au milieu des sifflets qui bientôt succomba,
Et piteux va se vendre à dix sous chez Barba.

L'Europe est au pouvoir de vieillards à lunettes
Qui ne s'occupent plus qu'à lire leurs gazettes;
On l'a mise au régime, et, pour calmer ses sens,
On lui fait avaler des mets rafraîchissans;
On la nourrit, je crois, de séné, de rhubarbe.
Ainsi qu'un sybarite, on l'épile, on l'ébarbe.
Elle a dit à la honte : ô honte, sois ma sœur;
Elle a dit à la peur : sois notre mère, ô peur!
Et désormais en vain sa lâcheté se cèle
Sous les faux noms d'amour, patrie universelle.

Voit-on briller encor le fer et les drapeaux,
Et flotter les lauriers, couronnes des héros?
Je ne vois plus qu'un peuple aussi fou qu'un ivrogne,
A tous les carrefours qui se heurte et se cogne,
Et ne sait que lancer, furieux et vainqueur,
Les pavés à la tête et le poignard au cœur!
Tous ces cris sont pour moi fadaise et baliverne,
Rixes de cabarets, querelles de taverne,

Où l'on se jette au corps les verres et les pots,
Mais où tout promptement rentre dans le repos!
Moi, je veux le grand air, je veux la vaste plaine,
Pour me tordre à mon aise et m'étendre sans peine.

Voyez-vous aujourd'hui, comme aux jours glorieux,
Les bataillons hurler des chants victorieux ?
Je ne vois que pinceaux, toiles enluminées,
Que commerce et marchés, maisons badigeonnées,
Que vers sous tout cela rongeant de toutes parts !
Monde, ne crois pas trop au commerce, aux beaux-arts,
Mais demande à Stamboul, Venise et la Hollande
Des peuples commerçans si la durée est grande ?
Tes vaisseaux, tes ballots, je te les brûlerai,
Tes toiles et tes arts, je te les pourrirai !
Je me venge..., à mon fils tu brisas son épée,
Ouvris avec le fer sa main sur toi crispée !

Je te dégraderai, comme un traître soldat,
A coups de crosse au dos qu'on flétrit et qu'on bat ;
Tes épaulettes d'or, tiens, je te les arrache ;
J'arrache tes boutons, ton casque et ta moustache.
Périsse un cœur ingrat que j'aimais autrefois,
Mais qui, comme Cassandre, a méprisé ma voix !
Périsse, — et je rirai, — tout l'univers et l'homme !
Terre, adieu ! laisse-moi dormir en paix mon somme,
Car si pour te baiser je revenais soudain,
Je te dévorerais le front, comme Ugolin... »

## IV

> C'est que la liberté n'est pas une comtesse
> du noble faubourg St-Germain.
> BARBIER *(Iambes)*.

## LA LIBERTÉ.

Et le monde hurla de désespoir, de rage,
Puis reprenant soudain un plus mâle visage,
S'écria : « Liberté, je n'espère qu'en toi,
Je n'ai plus qu'un seul cri : liberté, sauve-moi.
La France dans l'autre âge expirait asservie,
Et cependant ta voix la rendit à la vie.
Je suis vieux, mais des monts de neige tout couverts,
On voit jaillir des feux au milieu des hivers. »

Et la liberté dit : « O monde rachitique,
Maigre et le dos voûté, semblable à l'asthmatique,
Jeunes hommes à l'œil atone, aux teints blafards,
Fatigués de la vie, à dix-huit ans vieillards,

Vos cœurs au lieu de sang ne roulent qu'une eau vaine !
Le sang de vos aïeux s'aigrit dans votre veine !

Oh ! ceux-là mieux que vous portaient des cœurs de feu.
Ils riaient des périls et n'insultaient pas Dieu.
Toujours le bruit du fer et l'odeur de la poudre,
Toujours dans l'air chargé faire tonner la foudre,
C'étaient alors leurs jeux... — Car ceux-là n'avaient pas,
Pour rallumer leur sang, besoin de vos moxas.

Manœuvres, ouvriers, échauffez la fumée,
Conduisez des bateaux et non pas une armée !
Armez-vous de l'équerre, armez-vous du compas,
Mais du glaive guerrier, comme ceux-là, non pas !...
Ils ne sentaient pas eux, remuer sous leur casque,
Comme une vieille femme, une chair molle et flasque.

Mais vous ne ressemblez pas plus à vos aïeux,
Que l'écume verdâtre aux flots audacieux.
Pauvre peuple endormi qui n'entends pas ta chaîne,
Et qui crois être libre alors que l'on te traîne,
Sur ton soc en suant tu te courbes encor,
Et te laisses ravir tes enfans et ton or.
Tout est usé chez toi, pas une république !
Pour ce noble fardeau, ta chair est trop étique.
Rome, Gênes, Florence, oh ! malgré mon effort,
Qu'êtes vous maintenant ?... demandez à la mort...

Et toi, belle Venise, en vain l'Adriatique
Vient de ses flots encor baiser ta robe antique,
Tu ne jeteras plus ton anneau dans la mer,
Ta fiancée à toi, c'est la fille d'enfer
Dont l'anneau nuptial est une chaine rude,
Le flambeau l'incendie, et le nom servitude !

Quoi ! cet être chétif dans un coin accroupi,
Comme un malingre enfant qu'on croirait assoupi,
Et qui, s'il veut encore s'ébattre en son délire,
Semble un mort qui voudrait grimacer le sourire,
C'est Venise ? — Elle plie au fardeau de l'affront !
Pauvre vieux Dandolo, courbe, courbe le front,
Tu ne reverrais plus ta ville impératrice.
Il lui reste des puits, mais sans qu'on y pourisse,
Il lui reste des plombs, mais on n'y brûle plus,
De riches monumens, mais ils sont vermoulus,
Et le pont des soupirs, enfin on le repasse !
Tu vois que de Venise il n'est aucune trace.

Un jour que son lion poussait son dernier cri,
Un aigle dans les airs l'emporta tout meurtri,
Il lui creusa le front de ses griffes d'hyène,
Puis le jeta cadavre à l'aire autrichienne.
Ce jour-là m'obscurcit l'âme d'un sombre deuil,
Je me sentais mourir sous ce dernier linceuil,
On plongeait au lion un poignard dans la gueule,
On lui broyait les os sous la plus lourde meule,

On se vautra dessus, et l'on me viola ;
Mais je dis : vengeons-nous de cette insulte-là,
Aigle qui m'égorgeas, je te ferai descendre.
Et quatorze ans après, c'était un peu de cendre !...


La royauté n'est plus. — Les rois dans leurs tombeaux
Ont été poursuivis, déterrés par lambeaux.
Une nuit de terreur, ils vous les réveillèrent,
Leur prirent leurs anneaux, leur or, et les pillèrent,
Et quand Louis-le-Grand voulut dans son tombeau
Les menacer des yeux, d'un coup de leur marteau,
Ils le frappent au front, l'abattent en poussière,
Et tuèrent du coup la monarchie entière.


Et l'aristocratie !... à son front un linceul,
Car elle reposait sur le prestige seul.


Mais l'on a maintenant pour occuper leur place
La constitution un être à triple face,
Qui tient de l'amphibie et veut tout réunir,
Mais dont la froide voix ne peut y parvenir ;
Qui n'a ni la vertu de la démocratie,
Ni l'honneur grand ressort de l'aristocratie,
Ni la vigueur enfin, non plus que l'unité
Qui partout éleva si haut la royauté,
Mais dont tous les héros semant la zizanie
Fondent tout leur espoir sur leur douteux génie,

Sans ressource d'ailleurs, sans biens, sans avenir,
Remuant ciel et terre afin de parvenir ;
La constitution forme dispendieuse,
Chargeant d'impôts le peuple, et qui m'est odieuse,
Affreux contrat qu'on passe entre peuples et rois,
Où pour un peu d'argent le peuple vend ses droits ;
La constitution faible locomotive
Qui consume en vain bruit toute sa force active,
Qui ne jette en passant qu'une noire vapeur,
Et dont tous les ressorts craquent à faire peur ;
Gouvernement qu'on pèse en vain dans la balance,
Qui chancelle toujours et jamais ne s'élance,
Qu'en prenant pour appuis la prostitution,
L'émeute échevelée et la corruption,
Qui ne sut qu'élever des troubles domestiques,
Jamais nous garantir des règnes despotiques.

Pardieu, mes députés, vous hurlerez bien haut,
Quand vous aurez pour maître un roi débile et sot.
Que ce soit Charles dix, Stuart ou Louis seize,
On vous verra crier, tout troubler à votre aise,
Mais comme vous saurez comprimer votre voix,
Ramper devant le trône en bas tous à la fois,
Si votre maître est fort, puissant et qu'il se nomme
Tudor, Louis quatorze ou plus tard le grand Homme.

Voilà pourquoi toujours mes peuples sont perdus
Par tous ces députés tremblant ou bien rendus.

On vous abuse, hélas! de façons bien étranges,
Lorsque c'est en mon nom qu'on vous noie en ces fanges.
Point de transactions entre nous et les rois.
Ne me cherchez jamais à l'ombre de leurs lois.
Si vous voulez enfin apprendre à me connaître,
Regardez vers la gloire, et vous m'y verrez naître.


C'est moi qui soutenais le grand Léonidas,
Echauffant la valeur de ces trois cents soldats ;
Moi qui faisais plus tard retentir dans Athène
La voix, l'illustre voix de mon cher Démosthène,
Moi qui creusais le gouffre où plongea Curtius,
Et résistais à l'or avec Fabricius ;
C'est moi qui ravissant la Suisse à l'Allemagne ;
Du cri de liberté remplissais la montagne,
Sauvais Guillaume Tell par un orage affreux,
Repoussais le vaisseau de mon pied vigoureux,
Et dressais à Morat cet immortel trophée
Avec les ossemens de Bourgogne étouffée ;
Moi qui, dans l'autre siècle, aidé de Washington
Ai fracassé les crocs du léopard breton,
Et qui délivrerai de ses dures étreintes
L'Irlande ensanglantée où ses dents sont empreintes ;
C'est moi qui fus trouver Luther dans son couvent,
Animai de mon feu son discours dissolvant,
Le fit frapper à mort dans un vaste carnage,
Le pape et l'empereur ces rois du moyen-âge ;

C'est moi qui soulevant l'ardeur des Pays-Bas
Commençai la première à renverser en bas
Ce colosse effrayant qui menaçait le monde,
Le royaume d'Espagne au despotisme immonde;
C'est moi qui chez les Grecs suscitai Botzaris,
Et mis la torche en flamme aux mains de Canaris;
Et qui dernièrement, aux murs de Varsovie,
Les armes à la main vendis si cher ma vie.

Aujourd'hui j'ai voulu me relever encor,
Et déployer sur vous mon libre et noble essor,
Mais j'ai trouvé votre air trop léger pour mon aile,
J'ai voulu vous toucher de ma main paternelle,
Et plein de désespoir je me suis recouché,
Car je n'avais saisi qu'un cadavre séché.
Je n'ai vu parmi vous que des fous romantiques
Qui se croient grands esprits dès qu'ils sont lymphatiques,
Parce qu'avant trente ans, faibles et rabougris
Ils ont la tempe chauve, ou bien des cheveux gris.
Pas un filet de sang sur leur figure blême
Et plus glacée encor que le nénuphar même!

La jeunesse n'est plus qu'un vrai cadavre osseux,
Sa face est amaigrie et son pied paresseux.
Son corps, comme un vieux Juif, est corrodé de lèpres.
Allez psalmodier, allez chanter les vêpres,
Jetez-vous à genoux, et joignez bien les mains,
Demandez au Très-Haut ses secours surhumains,

Lâches, macérez-vous, abaissez bien vos âmes,
Suppliez et pleurez comme pleurent les femmes,
Soyez humbles et vils, comme sont les valets,
Rampez bien sur le sol, comme un nain du Valais,
Et l'on applaudira, car c'est là votre place.
Mais ne demandez pas ma lance et ma cuirasse,
Car l'on rirait vraiment de voir une fourmi
Traîner sous ce fardeau son corps tout endormi,
De voir ainsi marcher cette race tortue,
Comme sous son écaille avance une tortue.

Peuples, vous n'avez plus de sève dans vos bras,
Vous n'êtes déjà plus que d'ignobles castrats !
Et si je vous pressais entre mes mains fermées,
Je vous écraserais comme de vils pygmées,
Et si montant sur vous je vous lâchais le mors,
Vous plieriez, car vos reins ne sont pas assez forts,
Et mon souffle fondrait toutes vos renommées,
Et les emporterait en légères fumées.

C'est qu'il me faut à moi des nerfs herculéens,
Des cœurs chauds et brûlants, des âmes de Romains,
Sauvages, indomptés et soulevant le monde,
Aussi facilement que le navire l'onde,
Dont on presse toujours les larges flancs lassés,
Sans qu'ils disent jamais : liberté, c'est assez.
Moi j'aime les combats, le sang jusques au ventre,
Les hourras, les clameurs des rois que l'on évente,

Le tambour, le tocsin et les peuples debout
Et vomissant le feu, comme un volcan qui bout.

La révolution fille à la forte allure
En t'apportant jadis dans sa robe de bure
Cette verge de fer prise aux dieux infernaux,
Qui peut seule évoquer les morts de leurs tombeaux,
Me fit croire un moment à ton patriotisme.
Mais trouvant la valeur un trop fort éréthisme,
Bientôt tu fis le mort et tremblas pour tes os,
Comme un pauvre animal qui perdrait ses boyaux.
Le pourpoint retroussé, ceinte du cimeterre,
J'ai sonné mes clairons pour réveiller la terre,
Des remparts polonais, j'ai crié : liberté,
Et ce cri sans écho, nul ne l'a répété.

Et quand la tête en bas pendue aux gémonies,
Pliant sous les talons de nations honnies,
Les membres pantelans et tout putréfiés,
Dont chaque Russe emporte un lambeau sous ses piés,
Les flancs ouverts, suant le sang avec la vie,
Et livrée expirante au fer de Moscovie,
Je demandai secours, et tout haut t'implorai,
Dis, as-tu mis le doigt dans mon flanc déchiré ?
Quelle bouche voulut étancher ma blessure ?
Qui donc me dépendit de ma croix de torture ?
Toi, tu me regardais tranquillement assis,
Ecoutant les vains mots de tes chefs indécis.

Aussi maudit sois-tu, crie encor : grâce, grâce !
Et meurs, car loin de toi je retire ma face !
Ah ! tu m'as entendue élever mes grands cris,
Demander un peu d'air à Lyon, à Paris,
Et d'affreux coups de crosse appliqués sur la joue,
Tu m'envoyas rouler de mon long dans la boue ;
Meurs donc en blasphémant de sinistres clameurs,
Sans une voix qui prie et sans espoir meurs, meurs!
Et que Dieu dans le ciel bientôt faisant sa ronde
Dise en montrant ce vide : ici vécut un monde.

# V

> Lassat'ogni speranza.
> DANTE.

**DIEU.**

Et la terre trembla jusques à son essieu,
Et se tournant soudain, elle cria vers Dieu :
« Christ, un rayon de foi ! dans l'ombre je m'égare.
Ne me diras-tu plus : relève-toi, Lazare?
Oh ! jette-nous encor ce cri qu'au Golgotha,
Voilà dix-huit cents ans, ta grande voix jeta,
Afin que, par ton souffle animée et ravie,
J'enfante dans mon sein des peuples pleins de vie.
Oh ! Seigneur, sauve-moi, prends pitié de mon sort,
Je ne veux pas mourir, car j'ai peur de la mort.
Lorsque j'allais vers toi, si trop souvent le doute
Est venu m'arrêter et me glacer en route,
Grâce, pardonne-moi, mon Dieu, je te promets
De secouer bien loin ces pensers désormais.

Mes palais, je les change en saintes cathédrales,
Mes marbres et mon or, j'en veux couvrir tes stalles.
L'encens sur tes autels brûlera nuit et jour,
Et l'orgue redira d'éternels chants d'amour.
Archanges, Séraphins, Dominations, Trônes,
Chérubins et Vertus aux brillantes couronnes,
Abaissez vos regards sur la terre à genoux,
Élevez vers le ciel votre voix avec nous.
Avec le flot qui gronde et la feuille flétrie,
Avec le faon qui brame, avec l'homme qui crie,
Avec nos yeux pleurant et notre cœur navré,
Criez : Miserere, deus, miserere. »


Le Seigneur répondit : « Pauvre monde livide,
Qui me prie à genoux, comme un enfant timide,
J'ai pitié de tes maux, car je t'aimai d'amour,
Car je donnai mon sang pour ton pauvre séjour.
Oh ! que de pleurs amers, Jérusalem nouvelle,
A répandu sur toi mon âme paternelle !
Mais, ainsi qu'à Sodôme, oui, je n'ai pu trouver
Dix justes en ton sein dignes de te sauver.
Maintenant c'est trop tard, en vain tu me réclames,
Tu t'accouplas avec tous les crimes infâmes.
Qu'as-tu fait, dis-le moi, de cette âme des cieux
Que j'aimais entourer d'un éclat radieux ?
Tu la prostituas, comme une fille immonde,
A coups de tes forfaits, tu l'as tuée, ô monde.

Je te criais : ma fille, oh! prie enfin ton Dieu,
Et peut-être éteindrai-je encor ma torche en feu.
Mais folle de ton corps tu marchas effarée,
Ouvris à tout passant ta demeure tarée,
De soie et de bijoux tu paras ta beauté,
Ne couvrant qu'à demi ta blanche nudité.
Et puis, lorsque sur toi s'abattit le viel âge,
Tu ne souriais plus qu'au milieu du carnage,
Ton allégresse était un rire de fureur,
Partout le vice en toi déployait son horreur.
C'est pourquoi je me dis : je briserai sa soie,
Ses perles, son poignard, son corps, comme une proie.
J'irai, je descendrai du séjour éternel,
L'arracher par les pieds de son lit criminel,
Je détruirai son corps dont elle était si fière,
Afin qu'à son réveil tout ne soit que poussière.
Que pour les profaner, tu cherches tes appas,
Ton poignard pour sévir, et ne les trouves pas!


Les hommes vont bientôt se réveiller dans l'ombre,
Et ne voyant partout que l'obscurité sombre,
Ils diront : c'est la nuit, et se rendormiront,
Les heures passeront et se succéderont;
Toujours, toujours la nuit, les ténèbres profondes.
Tout-à-coup la terreur s'emparera des mondes,
Comme un frêle cyprès, ils trembleront alors,
Une sueur glacée inondera leurs corps

Les hommes inquiets sortant de leur demeure,
En vain demanderont : Quelle heure est-il, quelle heure ?
Rien ne repondra... rien... la nature sans voix
Mesurera le temps par la chute des toits.

Le marteau de l'horloge a fait sonner douze heures
Deux fois, depuis que l'ombre obscurcit leurs demeures.
Que le cadran céleste a voilé ses regards ;
Un grand cri de détresse alors de toutes parts
S'élèvera : Soleil, éternelle lumière,
Ne viendras-tu donc plus illuminer la terre ?
Et je leur répondrai : jamais, vœux superflus !
O mondes, le soleil ne se lèvera plus ! !

Ils s'entrechoqueront au milieu des ténèbres,
Ils voudront s'éclairer de leurs torches funèbres,
Et le vent de la mort éteindra leurs flambeaux.
Ils voudront fuir, leurs pieds heurteront des tombeaux.
Ils diront, se cachant au profond de la terre :
Cavernes, prêtez-nous votre abri salutaire !
Ah ! ah ! ah ! sot espoir, les cavernes diront :
Lâches, fuyez plus loin, ou les engloutiront.
Ils voudront s'élever sur les plus hautes cimes,
Je les ferai rouler, rouler jusqu'aux abîmes ;
Ils crisperont leurs doigts, enlaceront leurs corps
A des piliers de fer, aux chênes les plus forts ;
Le fer s'amollira, comme une cire molle,
Et les chênes plieront, comme un fragile saule.

Et j'ouvrirai leurs doigts comme ceux d'un enfant,
Car je suis votre Dieu, le Seigneur triomphant.


L'abomination est entrée en mon temple,
On ne l'approche plus, de loin on le contemple,
Les marchands, les vendeurs y trafiquent encor,
De mes vases sacrés l'on fait des pièces d'or.
J'appellerai bientôt mon prophète céleste
Dans cette plaine horrible et dans ce champ funeste,
Plein de cadavres froids et d'os amoncelés,
Pour lui redire encor : Fils de l'homme, soufflez
Sur ces squelettes froids et ces ossemens vides,
Et vous allez revoir ces cadavres livides
S'agiter, se rejoindre et se dresser bientôt,
Et marcher à ma voix, car je suis le Très-Haut.


La terre est maintenant comme cette ceinture,
Emblême de Judas, pleine de pourriture,
Que Jérémie avait cachée auprès des eaux,
Et qu'il ne retira que tombant en lambeaux.
Donc pleurez, gémissez, habitans de la terre ;
Enfans, criez : pourquoi m'as-tu fait naître, ô père ?
Car je vous ferai boire au calice d'horreur,
Je vous enivrerai du vin de ma fureur.


Me voici, me voici, ton cri, le vent l'emporte !
Monde, rien ne fera que ma vengeance avorte ;

Car las de tes forfaits mon père se leva,
Et me dit : pour frapper ce monde odieux, va.
Ah ! tu croyais pouvoir sans danger sur ma joue
Entasser les soufflets, les crachats et la boue,
Me clouer sur la croix entre les deux bandits,
Briser mon crucifix dans tes accès maudits,
Et le traîner souillé dans la fange et l'ordure,
Comme un débris qu'on jette à la voirie impure,
Et que cela pourtant devait finir ainsi,
Que le Seigneur jamais ne dirait : me voici ;
Et que le diadême aux durs fleurons d'épine
Ne s'enfoncerait pas un jour dans ta poitrine,
Et qu'à la coupe alors que tu me présentas,
Le fiel le plus amer ne te resterait pas !

Tu fus bien insensé, — car ta vieille surface
Porte à son tour et sang et crachat sur sa face;
Car, je vois dans la nuit ricaner le néant
Prêt à mordre à ma voix ton cadavre géant.
Et, comme de l'acier qui grince sur du verre,
J'entends sous son corps froid tressaillir ton cratère.
A moi donc maintenant de crier : Je suis roi,
Mon sceptre de roseau se change en fer pour toi.

Ombre silencieuse assise sur ta tombe,
Entends se détraquer ton vieux monde qui tombe !
Quels sont donc ces flambeaux et ces habits de deuil ?
Ce sont les derniers pleurs de ton dernier cercueil !

Monstre Leviathan, qui d'un coup de ta queue
Soulevais jusqu'au fond les flots de la mer bleue,
Le vide est dans ton sein et la destruction,
Satan, voici ton heure, entre en possession..
Comme le cerf qui brame à la meute vorace,
A ta gueule d'enfer je livre cette race.
Dépeçons ce cadavre et prends la part de roi,
Mets ta griffe dessus, et dis : elle est à moi.
Pauvre coursier fourbu le monde en vain se cabre,
J'ai scellé son cercueil du pommeau de mon sabre.
Levez-vous, flots de l'onde et sables des déserts;
Simoun, joins à leurs voix tes lugubres concerts;
Avalanches, forêts, et rochers et montagnes,
Noyez, engloutissez et l'homme et les campagnes;
Ainsi que les soldats de Cambyse autrefois,
Ou comme Pharaon, qu'ils meurent sous ce poids.

Allons, ange du ciel, descends des hautes cimes,
Avec le fer vengeur, pour frapper tous ces crimes;
Astres qui pâlissez, tombez du firmament;
Et vous bruyans clairons du dernier jugement,
Voici l'heure, — sonnez la fanfare dernière
Qui doit devant mes yeux citer la terre entière.

> En ces jours-là j'ai vu des morts grands
> et petits qui comparurent devant le trône
> divin.
> *(Apocalypse de St-Jean.)*

## ÉPILOGUE.

Sa voix tonna trois fois : relevez-vous, ô morts,
Et les morts soulevant leurs marbres sans efforts
A cette grande voix tout-à-coup se dressèrent,
Ils se trouvèrent forts et bientôt s'avancèrent.
La peau couvrit leur chair, la chair couvrit leurs os,
Ils vêtirent leurs corps des plus riches manteaux,
Eve donna la main à sa dernière fille,
Adam put saluer son immense famille.

Tous les hommes croyaient se reconnaître entre eux,
Robespierre et Néron s'embrassèrent tous deux.
Il leur sembla n'avoir jamais cessé de vivre.
Cette troupe de morts bientôt redevient ivre,
Elle court se livrer aux plus affreux penchants,
Plus que jamais la terre est en proie aux méchants,
Ils nagent dans le sang, la joie et les délices,
Et pour se délasser ils rêvent de supplices.

Et les justes proscrits crièrent au Très-Haut :
Mon Dieu, ton bien-aimé reviendra-t-il bientôt?
Et le Christ répondit : espérance, espérance,
Voici venir le temps de votre délivrance.
Mais l'on ne vit encor briller aucun éclair.
Et Satan secouait sa grande aile dans l'air,
Et l'on se prosternait à terre à son passage,
Et ceux qui refusaient d'adorer son visage
Souffraient les fouets, la croix et des tourmens affreux.
Il tuait leurs enfans, faisait jaillir sur eux
Les lambeaux déchirés et le sang de leurs femmes.
Et tous sentaient faillir et succomber leurs âmes.

Et les justes proscrits crièrent au Très-Haut :
Mon Dieu, ton bien-aimé reviendra-t-il bientôt ?
Et le Christ répondit : espérance, espérance,
L'heure approche enfin de votre délivrance.
Mais l'on ne vit briller encor aucun éclair.

Et tous ces morts damnés burent à Lucifer,
Célébrèrent ensemble une infernale orgie,
Tout brillait, flamboyait délirant de magie ·
Les trésors les plus beaux qui depuis six mille ans
Avaient paru sur terre étaient là scintillans.
Lustres, coupes, cristaux miroitaient de lumière,
Le banquet occupait les trois quarts de la terre.
Ils insultaient le ciel, défiaient le trépas,
Car le roi des enfers présidait le repas...

Leur tête reposait parfumée et poudrée
Mollement sur le cou de la femme adorée.
C'étaient des vins exquis et des femmes d'amour,
Telles qu'on n'en doit voir que dans ce dernier jour.
En ces temps il advint que beaucoup de fidèles
Succombèrent séduits par ces femmes trop belles.

Et les saints qui restaient crièrent au Très-Haut :
Mon Dieu, ton bien-aimé reviendra-t-il bientôt ?
A ces mots un éclair vint sillonner la nue,
Et le juste à genoux salua sa venue.
Mais tous les morts damnés faibles et frémissant
Pour se fortifier avalèrent du sang.

Alors le lustre jette une lumière sombre,
Les coupes et les fleurs leur échappent sans nombre,
Leurs manteaux empourprés se changent en linceuils,
Leurs sièges en tombeaux, leurs tables en cercueils.
La poudre qui parait leur blonde chevelure
A l'odeur de cadavre et tombe en cendre impure,
Leur chanson de débauche est un chant de trépas,
Et leurs verres choqués tintent comme des glas.
Ils veulent boire encor, poursuivre leur orgie,
Et leur coupe de fange et de sang est rougie,
Et leurs splendides mets se changent sous leurs mains
En lambeaux palpitans, en ossemens humains.

Les hommes ne trouvant nulle part de refuge
S'enfuyaient au hasard, comme au temps du déluge,

Et criaient succombant sous le poids de leurs maux :
« Forêts, abritez-nous sous vos larges rameaux. »

Et les forêts disaient : « Nous n'avons plus d'ombrages,
Diadêmes de fleurs, couronnes de feuillages
Sont tombés de nos fronts, comme des fronts des rois.
Et le vent de la mort rompt et brise à la fois
L'arbre dans la forêt, les oiseaux sur la branche,
Et l'espoir dans nos cœurs.—Malheur, malheur! tout penche! »

« Oh! nuit, prête du moins aux malheureux humains
Tes yeux de diamant pour guider leurs chemins. »
Et la nuit : « Christ éteint dans de communs désastres
La vie au sein du monde et le feu dans nos astres.
Voilà qu'il m'a ravi mes plus riches joyaux
Pour en parer ses saints, s'en faire des anneaux.
Le dais du firmament s'affaisse, hélas! et roule,
Il n'a plus ses clous d'or, malheur, malheur, tout croule! »

« Océan, laisse-nous nous abriter en paix
Dans tes grottes de stuc, sous tes rochers épais,
Viens rafaîchir nos fronts de l'azur de tes ondes. »
Et l'océan répond : « Je n'ai plus d'eaux, ô mondes;
Les monstres de la mer, le phoque et le requin
Se tordent de douleur et meurent dans mon sein.
Moi-même aussi j'ai soif, et la langue tirée,
Las je halète, ainsi qu'une louve altérée,

Mes fleuves desséchés partout se sont taris,
Comme l'amour aux cœurs, la foi dans les esprits;
Les rochers ont comblé mes cavernes profondes.
Malheur à nous, malheur! car c'en est fait des mondes... »

« Donc il ne reste plus d'espérances alors.
Oh! pourquoi nous avoir resuscités des morts?
Nous reposions si bien sur le lit mortuaire,
Le ver autour de nous filait notre suaire,
Et le cyprès au bruit de ses tristes accords
Mélancoliquement endormait notre corps.
Qui nous a rappelés sur cet odieux globe?
Néant, remporte-nous dans un pli de ta robe. »

Et le néant disait : « Je ne suis qu'un lambeau,
Moi seul je n'ai pas pu m'échapper du tombeau.
Mon sceptre s'est brisé, ma couronne est ternie,
Un autre m'a vaincu, ma puissance est finie! »

« Toi mort!... et quel est donc le Dieu plus fort que toi? »
Une céleste voix d'en haut répondit : moi!
Moi le Christ qui me venge, et maintenant vous clame :
« Mort et damnation à votre race infâme! »

Et voilà que les morts virent devant leurs yeux
L'auguste tribunal, où le Christ radieux
Rejetant sur le sol son beau manteau d'étoiles,
Devant les nations apparaissait sans voiles.

Il semblait s'avancer sur deux piliers de feu,
Le soleil était pâle auprès de l'œil de Dieu,
Et, semblable à Caïn ayant tué son frère,
L'homme ne pouvait plus soutenir sa lumière.
C'étaient d'affreux fracas d'édifices craquant,
Des rires de damnés, des os s'entrechoquant.
Et les hommes errant au sein de la ruine
Blasphémaient, insultaient la puissance divine :
« Toi qui créas le mal et trois fois nous perdis,
Dieu de destruction, oh ! Christ, je te maudis ! »
Les anges aussitôt lancèrent sur les mondes
Les quatre vents, la foudre et l'éclair et les ondes.
Il plut pendant trois jours et du soufre et du sang,
Et la lune rougit comme un grand œil luisant.
On eût dit qu'un vertige égarait tous les hommes,
Autour d'eux se pressaient mille pâles fantômes,
Et la fièvre à grands coups battait dans leur cerveau.
Je les vis s'enfoncer jusqu'au sein au tombeau !

Et la terre râlant sa dernière agonie
Criait : secourez-nous, ô puissance infinie,
La vie, encor la vie, oh ! pardonne au remord !
Mais Dieu criait toujours : non, non, la mort, la mort !
Et l'on n'entendit plus qu'un sourd battement d'aile,
Des oiseaux de la nuit qui rôdaient autour d'elle,
Que les rugissements du tigre qui se tord,
Et les sifflets aigus du boa constrictor.
Et la nuit se faisait, une nuit de détresse
Où l'on sentait passer et repasser sans cesse

Le sceptre de la mort qui vous glaçait le front,
Et criait : Dieu se venge et les mondes s'en vont !
La terre n'était plus qu'une immense vallée
Où, semblable à la feuille abattue et foulée,
L'humanité roulait sur un sol trop ingrat,
Et l'on nommait ce val le val de Josaphat...
Deux portes s'élevaient vers les deux bouts extrêmes,
L'une de diamant donnant sur les cieux mêmes,
L'autre tout embrâsée, aux lourds battants de fer,
Sur laquelle on lisait : la porte de l'enfer !

Elle s'ouvrit soudain, comme une mer de soufre !
Et des cris déchirant s'élevèrent du gouffre :
Damnation ! malheur ! oh ! nous sommes maudits !
Un cri d'amour répond du sein du paradis.

Le Christ au monde alors retira son épaule,
Et la terre croula de l'un à l'autre pôle.

Et je n'entendis plus que quelques douces voix
Qui chantaient : saint, saint, saint, le Seigneur roi des rois !
Et les cieux répétaient ces cantiques sublimes,
Et l'esprit seul de Dieu flottait sur les abîmes,
Et je ne vis plus rien qu'un labarum de feu
Où reluisaient ces mots : ÉTERNITÉ DE DIEU.

1838.

# TABLE DES MATIÈRES.

                                                      Pages.

| | |
|---|---|
| I. — Avis... | 5 |
| II. — Ouverture... | 9 |
| III. — A Ch. Labitte. — Avant-garde... | 17 |
| IV. — La fleur qui penche... | 29 |
| V. — A Auguste Brizeux. — Mission du poète. | 33 |
| VI. — A M. Philarète Chasles. — Le Pape et Luther... | 41 |
| VII. — A Ch. Louandre. — Ambition... | 69 |
| VIII. — Le Savoyard... | 75 |
| IX. — Sur un Album... | 79 |
| X. — A M. Émile Deschamps. — Bossuet.. | 85 |
| XI. — Soupir du cœur... | 97 |
| XII. — A M. Antoni Deschamps. — Deuil... | 103 |
| XIII. — A M. Émile Souvestre. — Doute... | 111 |
| XIV. — Bluette... | 121 |
| XV. — A M. le Marquis de Foudras. — Napoléon... | 127 |
| XVI. — A Madame ***. | 139 |
| XVII. — A M. le Vicomte Walsh. — Le peuple. | 145 |
| XVIII. — Au C<sup>te</sup> Roger de la Bourdonnaye. — La Pauvre Mère... | 151 |
| XIX. — Fadaise... | 159 |
| XX. — A André Delrieu. — Dernier chant... | 163 |
| XXI. — Sonnet... | 169 |

Pages.

XXII. — A Hippolyte Lucas — Le Doctrinaire. 171
XXIII. — A Édouard Turquety. . . . . . . . . 178
XXIV. — A. M. le C^te Paul de Molènes. —
Automne . . . . . . . . . . . . . 185
XXV. — A M. de Sainte-Beuve. . . . . . . 193
XXVI. — A un Jeune Peintre. . . . . . . . . 203
XXVII. — A M. le C^te Alfred de Vigny. — Le Siècle. 206
  Politique. . . . . . . . . . . . 209
  Bal et Théâtre. . . . . . . . . 218
  Coup d'œil. . . . . . . . . . . 229
XXVIII. — A M. Théophile Gauthier. — Mon Enter-
rement. . . . . . . . . . . . . . 233
XXXIX. — A Elle. . . . . . . . . . . . . 243
XXX. — Épîtres. — A Moi. . . . . . . . . 249
XXXI. — De Moi. . . . . . . . . . . . . 251
XXXII.  A Auguste Barbier. — La Tragédie du
  Monde. . . . . . . . . . . . . 253
  Prologue . . . . . . . . . . . 255
  L'Amour. . . . . . . . . . . . 259
  La Science. . . . . . . . . . . 267
  La Guerre . . . . . . . . . . . 280
  La Liberté. . . . . . . . . . . 287
  Dieu. . . . . . . . . . . . . . 299
  Épilogue. . . . . . . . . . . . 304

FIN.

IMPR. DE A. FRANÇOIS ET COMP., 32, RUE DU PETIT-CARREAU.

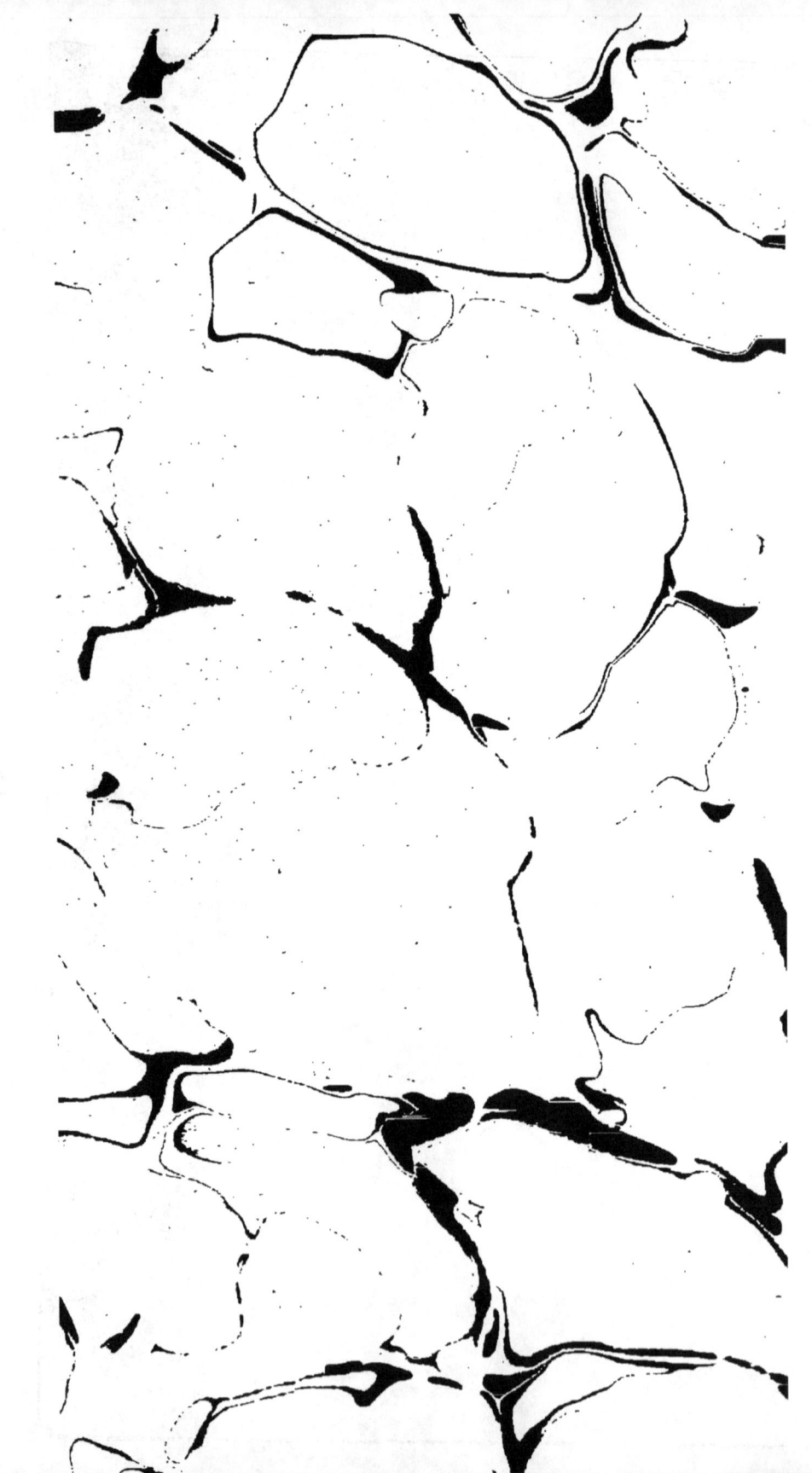

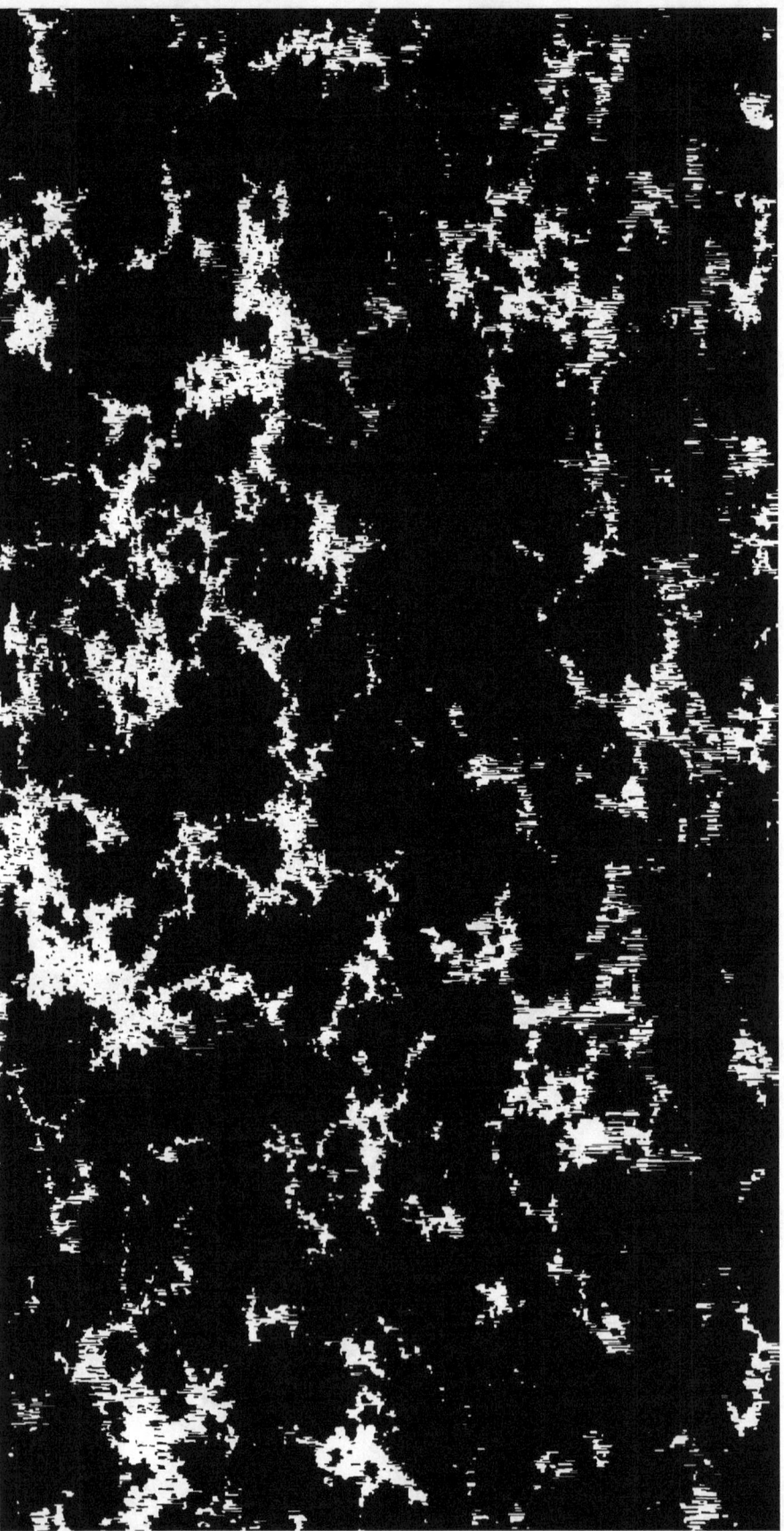

www.ingramcontent.com/pod-product-compliance
Lightning Source LLC
Chambersburg PA
CBHW060653170426
43199CB00012B/1768